初学者の建築講座

住宅の設計
（第二版）

鈴木信弘　編著

戸高太郎・岸野浩太・鈴木利美　著

市ケ谷出版社

ま　え　が　き

　私たちの生活に欠かせない最も身近な建築物，それが「住宅」です。

　最も身近ではあるものの，住宅というものがどのように設計され，どのようにつくられているのか。おぼろげながらでも分かっている初学者は，おそらくほとんどいないでしょう。慣れ親しんだ自宅の平面図であっても，正確に描き起こせる人はまずいないでしょう。

　それでも建築設計の勉強は，身近で親しみやすいという理由から，「戸建住宅」を足がかりに進められるのが世の習いです。ところが，いざ設計を始めると，身近で親しみやすいはずの住宅ほど設計が難しく，奥が深いものはないと気づかされます。

　住宅の設計を一生の仕事にしている設計者，そして住宅設計の面白さに取り憑かれた設計者ほど，この事実に賛同してくれるはずです。

　とどのつまり「建築設計の修練は，住宅に始まり住宅に終わる」，そう言っても過言ではありません。

　本書は，住宅の設計について，これから学び始めようという初学者向けの入門書です。

　設計の対象は在来工法を用いた木造2階建てとしました。これは，現在わが国で最も多く建てられている住宅タイプであると同時に，木造建築士，二級建築士を目指す人の設計製図試験の課題でもあるからです。

　加えて本書は，十分な広さの庭が付属する住宅を「住宅」の基本と考えることにしました。いわゆる，庭付き一戸建てです。なぜなら住宅設計は，住宅単体で成立するものではなく，庭や外構を含めた敷地全体の設計を含めてはじめて成し得るものなのだ，という筆者自身の強い確信があるためです。

　なお，二級建築士設計製図試験には，RCラーメン構造も出題されますので，その知識を一部加えて，「第二版」としました。

　本書をまとめるにあたっての詳しい経過は「あとがき」にまとめましたが，これから住宅の設計を学び始めるみなさんが，本書をきっかけに優れた住宅を生み出す設計者の仲間入りを果たしてくれれば，執筆者一同これ以上の喜びはありません。

　　　2023年9月　　　　　　　　　　　　　　　執筆者を代表して　鈴 木 信 弘

設計の学習と本書の構成について

　本書はこれから「住宅の設計」を学ぼうとしている初学者向けの入門書です。

　建築教育においては，設計は演習で，必要な知識は座学で，それぞれ別の授業として学習するのが一般的ですが，演習で設計課題に取り組むとき，座学の授業で学んだ知識を活かせている学生は稀です。

　設計には，建築計画，環境工学，住居学，家政学，構法，法規等の知識と理解が必要です。

　演習で身につけていく設計の手法と，座学で学ぶ知識を関連付けて学習できる新しい教科書を作ることが，初学者の助けになると考えました。

■ 設計の手法と設計に必要な知識について，関連付けて学習できる構成としています。

● **設計の手法と設計に必要な知識**については，設計者が木造 2 階建て住宅の設計を考え始めるところから，設計が完成するまでのストーリーとして構成しています。

● **設計に必要な知識**の学習としては，この教科書での学習だけでは不十分です。本書の意義は住宅の設計を学んでいくことは，住宅や生活について学ぶことを横断的に総合していくことであると知ってもらうことにもあります。ゆえに，住宅の設計を学び始めるに当たって，最初に読んで欲しい教科書です。

■ 建築士試験合格を目指す人に，受験テクニック以前に必要な基礎を学んでもらうために。

　住宅の設計について学び始める動機が，建築士の受験という読者も多いと思います。建築士の設計製図試験のための受験勉強は，模範解答例を覚えて，試験問題での条件に合わせて修正するテクニックを身につけて…，となりがちです。学ぶことは模倣からはじまるので，間違った学習方法ではありません。

　しかしながら，ともすれば模倣と受験テクニックだけの学習となりかねません。うまく試験に合格できたとしても，合格する力をつけたことと，本当に設計する力がつくこととはイコールではないのです。

　建築士の受験勉強を始める前に，住宅の設計についてしっかりと基本的なことから学んで，名も実もあるプロを目指して欲しいと思います。

　そのための最初の一冊となれば幸いです。

実際の住宅の設計作業は，行きつ戻りつ沢山のスタディをし，あるいは複数の問題について同時に思考したり，なかなか複雑な行為です。本書では，初学者が住宅の設計の手法と必要な知識をストーリーで把握できるよう，順序立てて学んでいける構成としています。

<table>
<tr><td colspan="2">（本書の構成）</td><td>（二級建築士設計製図）</td></tr>
<tr><td>第1章</td><td>住宅設計とは何か</td><td rowspan="6">試験課題の内容によらず，設計で必要となる基本的な知識を身に付けます。</td></tr>
<tr><td>第2章</td><td>住宅ができるまで</td></tr>
<tr><td>第3章</td><td>住宅と生活行為</td></tr>
<tr><td>第4章</td><td>住宅の時間軸</td></tr>
<tr><td>第5章</td><td>生活行為と単位空間</td></tr>
<tr><td>第6章</td><td>生活と環境</td></tr>
<tr><td>第7章</td><td>与条件を読む，敷地と周辺を調べる</td><td rowspan="6">設計条件に応じて要求を建築物の形にまとめあげていく（設計する）手法を学習します。設計した内容は平面図，立面図等の設計図書として表現します。</td></tr>
<tr><td>第8章</td><td>エスキース</td></tr>
<tr><td>第9章</td><td>設計を整える1（屋根を架ける）</td></tr>
<tr><td>第10章</td><td>〃　　　2（架構を考える）</td></tr>
<tr><td>第11章</td><td>〃　　　3（細部を検討し，全体をまとめる）</td></tr>
<tr><td>第12章</td><td>設計を伝える</td></tr>
</table>

戸 高 太 郎

住宅の設計（第二版）

目　次

鈴木信弘：1章　2章　3章　4章　5章　7章　8章　12章　13章
戸高太郎：9章　10章　11章
鈴木利美：1章　2章　3章　4章　12章
岸野浩太：6章　7章　13章

1章

住宅設計とはなにか？

「どんな住宅に，住んでいますか？」

……木造２階建てです　子供が２人いるので，３LDKです……

「どんな暮らしをしたいですか？」

……休日をゆったり過ごせる場所にしたいです……

「あなたの住んでいる住宅と暮らしは，合っていますか？」

設計：北村建築工房

1-1 住宅は生活を支える器

　私たちの暮らしの数だけ住宅があります。

　「暮らし」とその器である「住宅」がうまく合っていることは，日常生活の基本であり，それなくして，豊かな生活は実現しないと考えます。また逆に言えば「住宅」という器のいかんによって，私たちの「暮らし」の意味，行為は大きく変わるとさえ思うのです。

　「住宅」は，身の回りの暮らしを支える空間です。

　朝起きて顔を洗い，食事をして，身支度を整えて，仕事や学校に出掛ける。また帰宅すれば家事を行い，夕食を作って皆で食べ，寛いだり，宿題をしたり，夜には入浴をして寝ます。

　また，週末や休暇となれば親戚や友人が遊びに来たり，庭の手入れをしたり，時には家のメンテナンスもしなくてはなりません。多種多様な行為が住宅内では行われるのです。

　また，「住宅」は環境・地域にも大きく依存しています。

　「住宅」の建つ敷地は，日射，通風，採光といった環境条件がそれぞれ違いますし，周囲になにも存在しないような立地に単独で建っている場合を除いて，隣家が接し，景色があり，道に接しているので，「住宅」の佇まいは常に周囲から見られています。

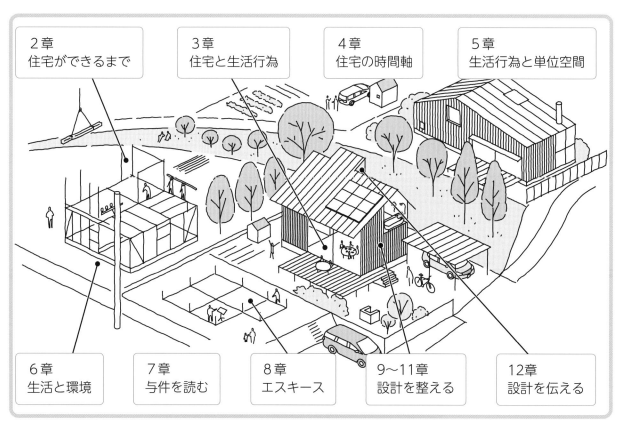

図1・1　暮らしの風景と本書各章での学習内容

1-2 暮らしと住宅は合っているか

　住宅は，災害・地震・気候に対して，安心・安全であることはもちろん，暮らしが滞りなく行えるのか，望んでいる暮らしが展開できる器になっているかも大切なポイントです。

　住宅は，家族とともに思い出をつくり，記憶を刻み，成長，発展しながら継続していく空間です。子どもはそこで成長し，大人は老いていく。その間ずっと暮らしを支え，包む器として多くの役割を担うことになります。

　つまり，その人の暮らし方に，住宅が合っていることが望ましいのです。暮らしのイメージは言葉で発せられることが多いですが，それを具体的に形（空間）にするのが「設計」という技術です。その結果として出来あがる空間は，暮らしと生活に大きな影響力を持ちます。

暮らしのイメージ

住み手の要望，希望，憧れの提示

- 庭を眺めながら本を読みたい
- 子どもが小さいので見守りたい
- 家族のプライバシーを重視
- 家事を極力合理的に
- リラックスできるリビング
- 家でも仕事用の小部屋が欲しい
- 年に数回親族が集まる
- 省エネで暮らしたい
- 将来は家で料理教室をしたい

設計者が考えるイメージ

設計者の具体的な 方法，配置，空間の提案

- 庭を囲む配置にしては？
- 子供室は大きな1室として将来に分割を想定すると良いのでは？
- オープンな対面型キッチンで家族の顔が見える配置にしては？
- 庭を眺められるように窓辺にベンチをつくるのは？
- 近所の人が寄りやすいように縁側テラスを設けるのは？

提示

提案

図1・2 言葉を具体的な形（空間）に変換していく

1-3 住宅設計の楽しみ

　住宅設計の楽しみのひとつは，1つ屋根の下に様々な暮らしの要素である生活行為を組み込み，配置し再構成して，住み手の居場所をつくることです。住宅で行われる行為には，食べる，寝る，排泄するなど多くのことがありますが，その配置・距離によっては行動，動作にも影響がでます。

　したがって，生活行為どうしの関係を読み解き，適切に配置していくことに加えて，空間に対峙した時に感じる生活行為の意識・心象も設計にとって大切な要素です。それらはいずれ住まいの記憶となって語り継がれていくからです。

■生活行為とその関係をつなげてみると，配置や経路，距離感が見えてきます

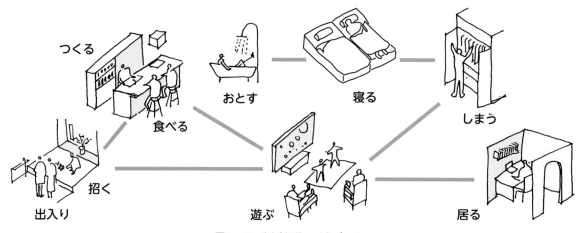

つくる
おとす
寝る
しまう
食べる
招く
出入り
遊ぶ
居る

図1・3 生活行為の結びつき

■生活行為の中での意識・心象（イメージ）から，心象と形の関係を思い描いてみてください

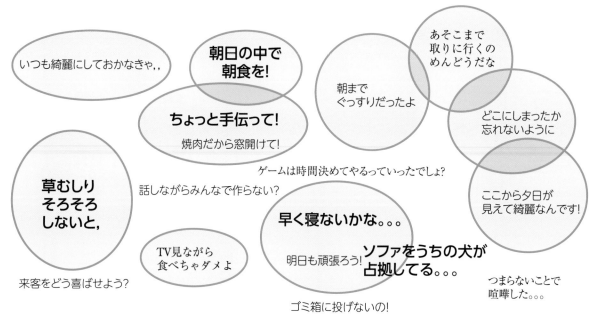

いつも綺麗にしておかなきゃ,,

朝日の中で朝食を!

あそこまで取りに行くのめんどうだな

朝までぐっすりだったよ

どこにしまったか忘れないように

ちょっと手伝って!

焼肉だから窓開けて!

ゲームは時間決めてやるっていったでしょ?

草むしりそろそろしないと,

話しながらみんなで作らない?

ここから夕日が見えて綺麗なんです!

早く寝ないかな。。。

TV見ながら食べちゃダメよ

明日も頑張ろう!

ソファをうちの犬が占拠してる。。。

来客をどう喜ばせよう?

つまらないことで喧嘩した。。。

ゴミ箱に投げないの!

図1・4 生活空間に対峙した時の意識・心象

■設計で土地が持つ可能性を引き出すことができます

　住宅は単体の建築物として存在しているわけではありません。屋外の空間，隣家，周辺地域，近隣環境と密接に関わって存在しています。例えば，隣地からの視線が気になる場合はその方向に大きな窓は取らないでしょうし，素敵な山が見えるのであれば，遠景を取り込み眺望できる窓を設けたり，日当たりを求めて居間の場所を決めるなど，地域・場所の特性が住宅のあり方を大きく変えることになります。

　土地が持つポテンシャル（可能性）を引き出し，「住宅＝より良く過ごせる場所」を実現するのは設計の力です。

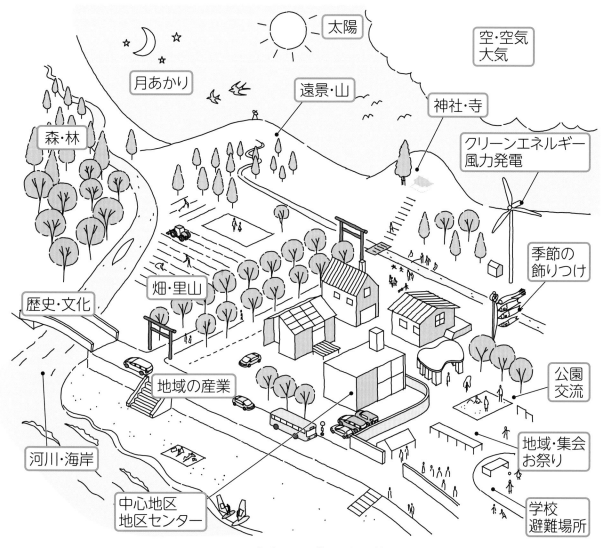

図1・5　住宅を取り巻く周辺環境

MEMO

1-4 多種多様な住宅設計

　多様な気候をもつ日本では，地域によって降雨量，降雪量，年間の日照時間に違いがあり，気温や湿度の変化も様々です。また市街地，平野から起伏のある丘陵，山深い山林地など，地形や立地も多様で，一つとして同じ設計ができないほど環境条件は違います。その違いは住宅の設計にあわられます。

　それに加えて住宅は，さまざまな生活形態，家族様態にあわせてつくられます。

　それぞれの住宅は，生活や立地にあわせた工夫を積み重ねながら日々つくられています。ひとつひとつの住宅の工夫や表現を具体的に考え，図面に落とし込み，実現していくのが住宅設計であり，設計の楽しみもそこにあります。

　基本的な生活を護れる。暮らす楽しみをもてる。周囲・地域との関係をつくれる。そんな住宅の実現を目指して日々研鑽と努力をしているのが，住宅の設計者とそれを実現する施工者です。そして住宅の企画・立案者でもある施主にとっては，住宅をつくることはその人の生き様を形にする良い機会でもあり，住宅に対しても様々な夢をもっています。こうした住宅が日々新たにつくられています。

■外観のいろいろ

設計：鈴木アトリエ

■室内空間のいろいろ

設計：鈴木アトリエ

　13章「事例集」には，全国の住宅設計・住宅施工者から募集し，著者が選定した最新の住宅，話題の住宅，受賞した住宅などを多数掲載しています。

　現代につくられている住宅の広がりと豊かさを見てください。

2章
住宅ができるまで

「住宅はどうやってできるのですか？」

……生まれた時から住宅に住んでいたし，
当たり前のように周囲には住宅が建っていますね……

「住宅は誰がつくっていると思う？」
……大工さんじゃないの？……

この章では住宅のつくられ方や供給システムについてみていきましょう。

N邸：工事の様子

2-1 住宅を実現するための三者

　住宅という建築物の実現には，建築主（施主），設計者，施工者の三者が必ず必要です。

　また，ひとつの住宅をつくるためには大勢の人が関わります。

　三者にはそれぞれ基本的な責任と役割があります。この三者は平等な関係であり，信義に基づく，お互いの信頼関係で成立しています。そのためには，きちんとした伝達，報告，確認といった基本的な連絡と記録が大切です。

　また住宅は完成して終了ではありません。長く継続して維持するためには，設計者，施工者による定期的なメンテナンスや修繕が大切です。この関係は建物が存続する限り続くのです。

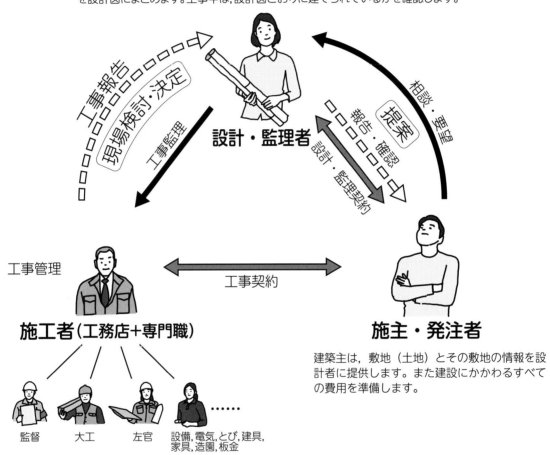

設計者は，建築主からの委託を受けて，専門家としての技術的な判断の上で計画を設計図にまとめます。工事中は，設計図どおりに建てられているかを確認します。

建築主は，敷地（土地）とその敷地の情報を設計者に提供します。また建設にかかわるすべての費用を準備します。

施工者は，設計図を元に，見積もりを行い，予算を管理しつつ工事を延滞なく行い，工事を完了させ，引き渡します。

図2・1　三者の役割と関係

2-2 住宅を得るための選択肢

　現在では様々な住宅の供給システムが存在します。

　元来，住宅の建設は，身近にある素材・材料を用いて，その地域の職人が建てる循環型社会の生産物でしたが，近年では建材や設備機器などの住宅構成材が工業化し，部品・製品として商品化されたこともあり，それらを選択し組み込むことで工事内容・手間の簡略化，工期の時短化をする工法が増えてきました。

　したがって，じっくりと手仕事で時間を掛けてつくる住宅づくりと，工場・量産方式による住宅づくりの2極化しつつあります。

Ａ 設計・施工の分離方式

工事監理

設計 → 工務店

設計・監理契約　工事契約

○○設計事務所
○○住宅工房
スタジオ○○など

Ｂ 設計・施工の一貫方式

設計 ＋ 施工

工務店

設計・施工契約

○○工務店
○○建築工房
○○ハウジング
○○建設など

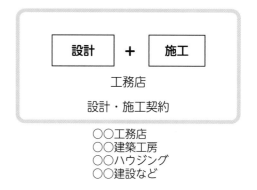

「建築主」になってゼロから注文するか？
「購入者」として完成している住宅を買うか？
あなたはどっちを選びますか？

Ｃ 住宅メーカー（商品化住宅）

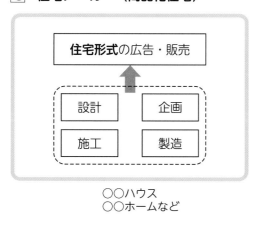

住宅形式の広告・販売

設計　企画
施工　製造

○○ハウス
○○ホームなど

Ｄ ディベロッパー（不動産開発）

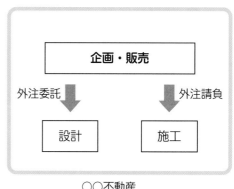

企画・販売

外注委託　　外注請負

設計　　施工

○○不動産
○○エステート
○○土地開発など

図2・2　住宅を得るための選択肢

2-3 住宅が完成するまでの流れ

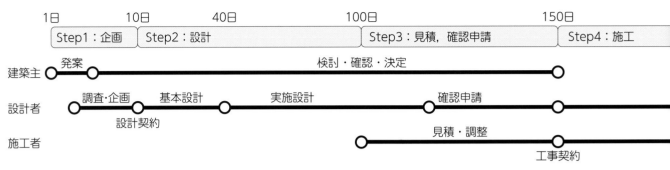

図2・3 完成までの流れ

Step1

（企画・設計条件の提示）

- 建築主は設計者に**敷地の情報**を提供し，どのように暮らしたいか，予算なども伝えます。

（初期イメージの提案）

- 設計者は与件を確認，**敷地を調査・観察し**，計画初期の方向性を提案します。方向性の合意後，本格的に設計が始まります。

Step2

- 設計者は，建築主からの要望を考慮しつつ，その**敷地と環境に適した設計内容**を考えます。

- 基本設計では，全体をまとめ，配置，平面，断面，立面などを決定します。

- 実施設計では詳細の仕様，寸法を決めつつ，**構造計算**を行い安全性を確認，**温熱計算**により環境への配慮を確認して，設計図書を完成させます。

- 設計内容については随時，建築主と**確認**をとりながら進めていきます。

Step3

- 施工者は，設計図書を元に工事**見積**を行います。その金額について，建築主，設計者を交えて調整を図ります。

- 予算調整が済んだら，工事契約を行います。

- 設計者は，**建築確認申請**の手続きをします。

Step5：使用

住む

監理 ────────────── 入居後の相談・アドバイス

施工 ──────── 引き渡し ── 定期点検,メンテナンス

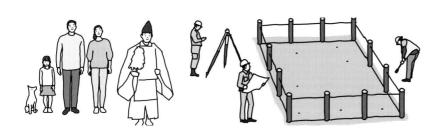

Step4

• 着工。基礎工事からから始まり，完成までは木造住宅でおおよそ5〜6ヶ月かかります。
（工場生産のプレファブ工法などは，3ヶ月程度で完成する工法もあります）

• 工事を終えると完了検査を行います。
完成までには，延べ人数で500名くらいの専門業種の職人が建築現場に関わります。

工事は，下記のような多くの専門業種からなっています。

• 仮設工事	• 外装工事
• 土工事	• サッシュ工事
• 基礎工事	• 建具（たてぐ）工事
• プレカット（軸組加工）	• 左官（さかん）工事
• 木工事	• タイル工事
• 設備工事	• 断熱工事
• 電気工事	• 内装工事
• 屋根工事	• 家具工事
• 板金（ばんきん）工事	• 外構工事

Step5

• 竣工後，住宅は建築主に引渡されて，建築主が住み始めます。
定期的なメンテナンス，点検も行い，暮らしの変化とともに増改築の相談など，関わりを継続していきます。

3章
住宅と生活行為

「住宅ではどんなことが行われていますか？」

……寝るところです！……

「それだけじゃないでしょ！」

……食べるところ！……

「それだけ？」

……ですよね……気づいていないこともたくさんあるかも。

住宅で行われる生活行為をみていきましょう。

K邸：冬は薪ストーブで

3-1 生活行為と必要な空間・名称

　生活行為のほとんどを，普段無意識で行っていると思います。その生活行為を記述してみましょう。生活行為の記述が多いことは暮らしが多様性をもっていることを示しています。

　次に，その場所の設え（しつらえ）をわかりやすい言葉（動詞や形容詞）に変換してみましょう。

　最終的に生活行為はどんな場所（空間）で行っているか，その場所の呼び名を考えてみましょう。

　その結果，気づくことがあるはずです。住宅内に呼び名のない場所があるとすれば，それは新しい居場所の発見かもしれません。住宅内の呼び名は「通称」ですから，名前がついていないけど，あなたにとって好きな場所や空間もたくさんあるはずです。その場所はあなたにとっての住宅における原風景になるかもしれません。

■日常の生活行為を具体的に挙げてみよう

生活行為を いろいろ書いてみる	場所の設えを 言葉であらわしてみよう	その場所はなんと 呼ばれている？
ex 朝のヨガ，週末は鍋，歯を磨く，爪を切る，夏のキャンプ，もうすぐひな祭り，カブト虫を飼いたい，うちの犬が吐いた，来週親が来る…………	ex すわる，ねる，あらう，ととのえる，しまう，かざる，たべる，みる，のぼる…………	ex 玄関，廊下，階段，座敷，リビング，ダイニング，テラス，ポーチ，土間，サンルーム，寝室，クロゼット，ロフト，ヌック，ニッチ…………
MEMO	MEMO	MEMO

・子どものころ好きだった場所はどこですか？
・用途も名称もないけど好きな場所はありませんか？

ex
　　押し入れの中，屋根の上……………………………

MEMO

■生活行為と空間の関係を分析してみよう

　場所の設え，空間の名称といった要素を位置づけしてみましょう。ここでは2つのグラフに記入してみました。一般的な住宅での生活行為がどのような空間や場所で行われているのか，その拡がりや全体像が見えてきます。こうした分析の手法はいろいろありますが，住宅設計における問題意識や新しい設計アイデア発見のためのスタディやディスカッションメモとしてさかんに用いられています。

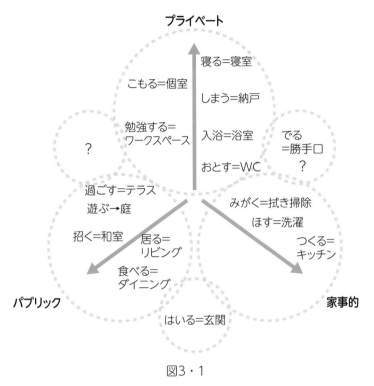

図3・1

※池辺陽の「住居の基本組織図と各居室の位置付け」を参照に作成

EX.1

　公的な空間・領域を意味するパブリックと，家族内あるいは個人の空間として外部の関係者には見せない領域であるプライベートの2つの方向に生活行為を分け，さらに住宅内の日常を維持するための労力でもある家事労働などを含めた3つの方向で広げてみたスタディです。

　プライベート・家事に区分された領域，パブリックで家事的な領域に挟まれた領域にどんな空間が入るのかを考えてみるとよいでしょう。

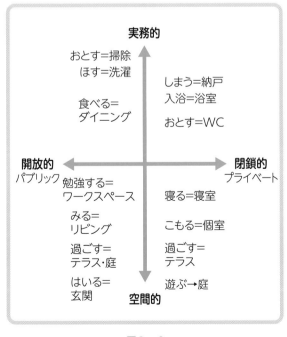

図3・2

EX.2

　生活行為を4象限，**空間特性**で分けてみました。横軸を開放的か閉鎖的かで分離し，縦軸を実務的・空間的という抽象的な分数としています。

　それぞれの4象限にきちんと分類することにとどまらず，閉鎖的で空間的なダイニングを考えてみる，開放的で空間的な浴室を考えてみるなど，新しいイメージをつくるスタディに用いてみるとよいでしょう。

3-2 生活行為と住宅の間取りの違い

　ここでは，それぞれ別の設計者に依頼してつくられた2つの家族のための2つの間取り（平面図）を見比べてみましょう。建築主家族がそれぞれ伝えた暮らしへの要望の違いを設計者は計画に反映しているようですが，どんな住宅になったか，見ていきましょう。

■あなた（の家族）なら，どちらの住宅を選びますか？

Aさん一家：40代夫婦＋子供2人
（中学生（男子），高校生（女子））

施主の要望書より

・祖父母がたびたび訪ねてくるので，居場所を設けておきたい
・子供たちの荷物が多く部屋を与えたい
・家族の帰宅時間がバラバラでリビングで過ごすことはほとんどない

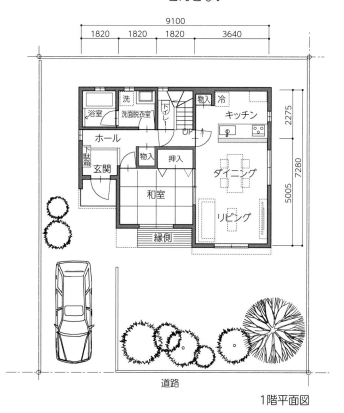

1階平面図

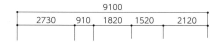

2階平面図

敷地面積＝240.0m²
1階＝57.13m²
2階＝49.47m²
延べ床＝106.6m²（32.25坪）

N

設計者の提案

・1階に和室を設けることで，普段はリビングの延長として使い，来客にも対応できるようにした。
・全ての個室を6帖以上で確保し収納を設けた。
・全ての部屋をドアで仕切るようにした。

同じ土地形状で，敷地面積が同じであっても，設計者の条件の捉え方，考え方，要望くみ取り方によって出来上がる住宅設計の内容と面積は大きく変わります。それぞれの案には良い点もあり解決しなかった点もあります。それを読み取ってみてください。

　設計者は要望にあるかないかだけで判断するのではなく，どんな家族が住んだとしても，多様な暮らし方ができるように考えることも大切です。

Bさん一家：40代夫婦＋子供2人
(小学生（女子），中学生（女子))

施主の要望書より

- 食事を楽しむなど家族一緒に過ごすことが多い
- 昼間は照明を付けずに暮らせる家にしたい
- 休日はゆっくり読書でもして過ごしたい
- 将来犬を飼いたい
- 夏は子供プールを置いて遊びたい

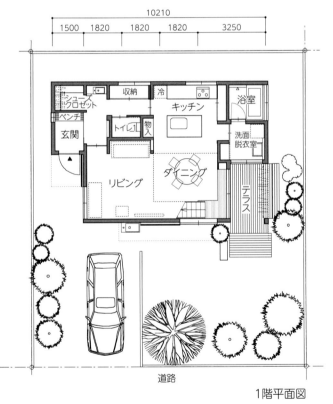

1階平面図

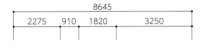

2階平面図

敷地面積＝240.0m²
1階＝57.87m²
2階＝40.16m²
延べ床＝95.03m²（28.75坪）

設計者の提案

- リビングを広く，ダイニングから一段上がったテラスでくつろげる場所とした。
- 子供室は将来仕切れるようにしてクロゼットを共用収納にした。
- 寝室に屋根付きのバルコニーを設けた。
- 吹抜けを設けることで，1階のキッチンが明るい場所になるようにした。

3-3 空間と生活意識

■外とのつながり

　同じ空間の大きさであっても，窓や出入口のような開口部の取り方によって，空間の感じ方は違ってきます。ひとつの部屋を例に，生活意識の違いをみてみましょう。また，実際の暮らしの中でどう生かせるかを考えてみてください。

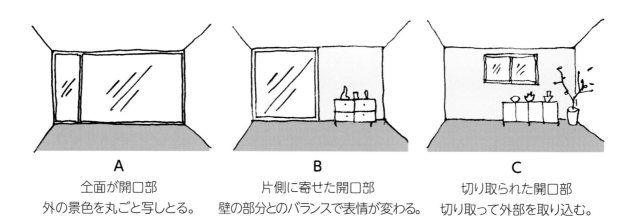

A	B	C
全面が開口部 外の景色を丸ごと写しとる。	片側に寄せた開口部 壁の部分とのバランスで表情が変わる。	切り取られた開口部 切り取って外部を取り込む。

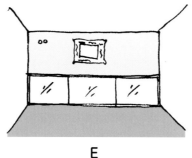

D
上だけの開口部
上部だけが見える。

E
下だけの開口部
足元だけが見える。

図3・3 間口部の取り方と空間の違い

---

ex

それぞれの開口部の部屋に自分が住む場合，どのように家具を置き，どのような生活・意識が持てそうですか？　考えてみましょう。

MEMO

■空間の重心・高さ

　長い時間を過ごす場所である住宅の質の良し悪しは，間取りだけで決まるのではなく，住空間の中での過ごし方＝居心地に依存します。その居心地に影響する一つの要因といわれる目線（視線）の高さ，重心の位置についてみてみましょう。

　座る椅子，寝転がる床，歩き回る時の目線などと窓との関係は，断面図で表現するとよくわかります。

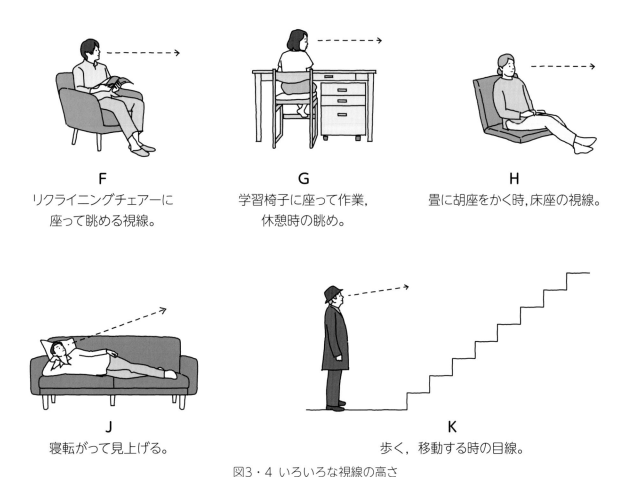

F
リクライニングチェアーに
座って眺める視線。

G
学習椅子に座って作業，
休憩時の眺め。

H
畳に胡座をかく時，床座の視線。

J
寝転がって見上げる。

K
歩く，移動する時の目線。

図3・4　いろいろな視線の高さ

---

ex

階段を登るとき，階段を降りるときにはどのような視線・目線になりますか？　考えてみましょう。
図3・4のそれぞれの視線の高さを測ってみましょう。

MEMO

4章

住宅の時間軸

「日本の住宅の寿命は短く38年。
対して，イギリスは79年，米国は56年という報告がされているんだよ。」

……知らなかった。意外に短いのですね。……

「近代の日本の住宅は，スクラップ アンド ビルド。
壊して建てるのが一般的で，新しいことが立派であると思われている。」

……たしかに……

「いかに寿命を延ばすかが大きな課題となっているんだよ。
キープ アンド チェンジはこれからの設計のテーマにもなるよ。」

……でも，どうやって？……

T邸：小あがりリビング

4-1 ライフステージと住宅の変化

　人生の変化の節目を区切ったそれぞれの段階をライフステージと言います。

　就職，結婚，出産，独立，それぞれのタイミング，乳幼児期，児童期，青年期，壮年期，老年期の各段階で，住宅もまた必要な部屋数や広さ（面積）が変わります。

　日本の在来木造は，部分交換・修繕が可能な優れた工法ですから，定期的にメンテナンスすれば，数百年を住み続けることができます。しかし，現実には日本の住宅は比較的短命です。

　ライフステージの変化や暮らし方に合わなくなってしまうことから，建替えられてしまうケースが後を断ちません。住宅のつくり方がスタンダードなものではなく，固有の家族のための特殊な条件に合わせて設計してしまうこともその要因になっています。

　したがって，ライフステージの変化に対応できるようなスタンダードな型式を持っている設計であれば，その住宅はどんな家族にも対応できるはずです。多様な生活行為にも柔軟に対応できるような設計にしておくことが，住宅の長寿命化には有効です。

■ライフステージと住宅の変化

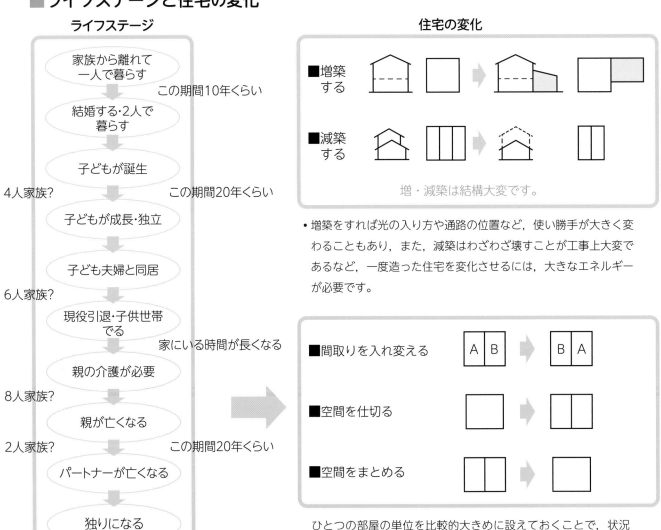

図4・1 ライフステージと住宅を変化させる方法

4-2 老いと住宅 ―ユニバーサルデザイン―

　住宅は通常，住まう人が健康であることを基本に設計されますが，"今は大丈夫でも老いは必ずくるものだし，病気やケガもありうる"と想定しておくことも大切です。つまり，小さな子どもや高齢者，障害をもつ人も生活する器としての，ユニバーサルデザイン（UD）を意識しておくことを忘れないでください。

　この住宅は，当初から将来のUD改修を念頭に設計され，実際にその通りに改修された事例です。設計の時点で配慮されていたポイントを見ていきましょう。

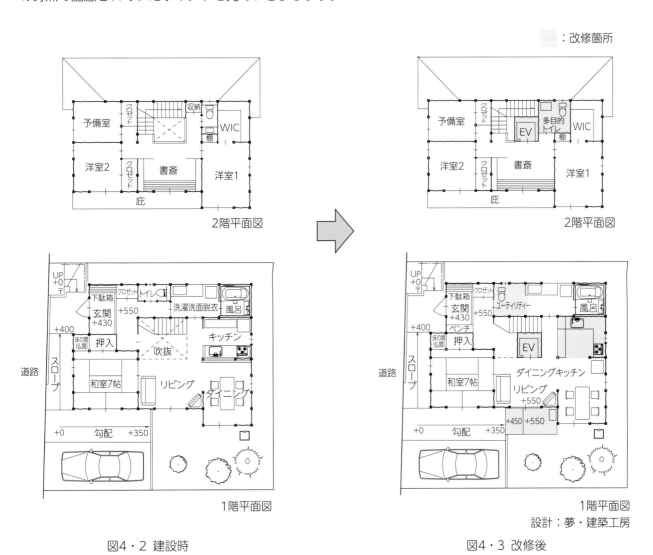

：改修箇所

図4・2　建設時

図4・3　改修後

設計：夢・建築工房

【配慮するポイントは7つ】

① 屋外から屋内へのアプローチを平坦かスロープに改良できるか
② 介護サービスの利用を想定して屋外から直接老人室にアプローチできるか
③ 2階へ上がる補助装置が設置できるか
④ 入口は車椅子や介助者を考慮して広げられるようにしているか
⑤ 水廻りは高齢者向け設備機器の導入を想定
⑥ 車椅子使用時の通路幅幅：95cm，回転スペース140cmφが確保できるか
⑦ 車椅子や椅子を使用したキッチンに改修できるか

コラム「成長する家」の記録

「成長する家」設計；大沢三郎・悟郎，東京都世田谷区

　半世紀以上に亘って増改築を繰り返しながら家族と共に成長してきた，親子揃って建築家の自邸。

　"ひとまず外殻だけをつくり，住みながら段々に完成させてゆこう"と計画をし，第1期が建ち上がったのが1953年。最低限の大きさで，内壁などなく外壁や屋根の下地が剥き出しの状況であった。その後，家族によるDIYで内部を仕上げていく。数年後に，離れに浴室をつくり，成長していく息子2人のために寝室と子供室を仕切り，後に子供室を増築。1968年に2階をつくり，1階を増築しながら仕事部屋でもある書斎やピアノコーナーを設け，家族がゆったり過ごせるようLDKを拡張，浴室を離れでは無くすなど大きく増改築した。以降，小さな改築があり，子供の独立，祖母の同居などを経て，気付けば老人3人

1953年
1期

セルフビルド
ローコスト

1959年
2期

離れの浴室
寝室・子供室を間仕切る
子供室増築

1968年
3期

1階
書斎・台所・浴室
洗面室
ピアノ部屋
2階
寝室・和室
洗面室を増改築

1階　　　　　2階

の家になっていた。

　次男も建築家として独立し，家族を持っていたこともあり同居の検討が始まった。当初建替えを検討していたのだが，父の書斎で一冊の本を見つけ，改めて「成長する家」に籠めた父の思いを知り，家のあり方を問うた。結果，「成長する家」の精神を引き継ぎ，増改築を選択する。

　周辺環境に対してやさしい建築，同時に家族が快適に住まうことを心がけ，残せる既存部分は残し，増改築部についてもスキップフロアを選択するなど平面だけでなく断面計画にも配慮した。その他，2世帯のより良い距離として玄関やテラスは共同し，互いの気配を感じられるようにした。竣工時から半世紀を超えた今では，夫婦とその娘家族の2世帯住居として日々の暮らしが営まれ，そこには大沢家の歴史が刻まれている。

1992年
4期

建替えを検討したが父の逝去により止めて成長する家に戻る。
2世帯住宅として大きく増改築。

生活行為と単位空間

「自分の体の寸法を知っていますか？」

……測ったことないです……

「たとえば6帖と聞いて，その幅と奥行きが言えますか？」

…………

住宅設計を始めるときにはスケール（寸法）を知ることが必要です。

Q. あなたの寸法を書きましょう（単位はミリで）

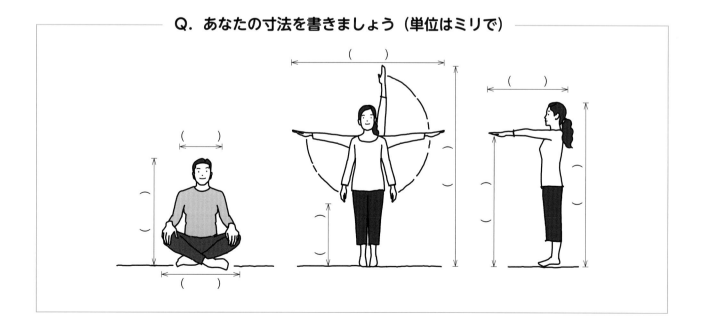

5-1 つくる・たべる

　住まいで家族が一緒になるのは、「食べる時間」がもっとも多いかもしれません。「食べる」は人間の基本的欲求ですし、テーブルを囲んで食事をすることで対話も生まれます。

　「つくる」と「食べる」は家族の団欒を育む大切な行為であり、「つくる」場所であるキッチンは生活の要（かなめ）です。台所ともいうように一連の家事作業にはいくつもの台が必要です。「つくる」と「食べる」のレイアウトを考えると同時に、食べる空間の居心地や過ごし方を考えてみましょう。

　まずは調理において行われる一連の動作をイメージしてみてください。その動作ごとに、物を出したり、台の上での作業をすると、どのくらいのスペースが必要かを考えてみましょう。

■「つくる」と「食べる」のダイヤグラム

図5・1 「つくる」と「食べる」の関係

■「つくる」と「食べる」の配置によって、だいぶ性格の違いがあります

どんなメリット、デメリットがあるか、書いてみましょう。

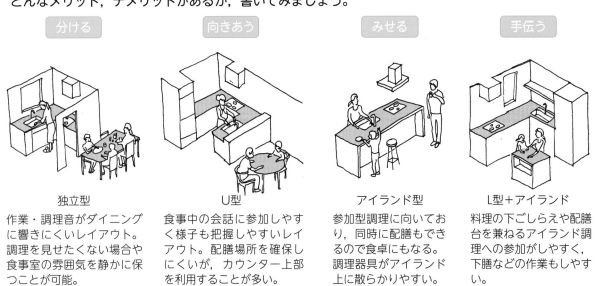

独立型
作業・調理音がダイニングに響きにくいレイアウト。調理を見せたくない場合や食事室の雰囲気を静かに保つことが可能。

U型
食事中の会話に参加しやすく様子も把握しやすいレイアウト。配膳場所を確保しにくいが、カウンター上部を利用することが多い。

アイランド型
参加型調理に向いており、同時に配膳もできるので食卓にもなる。調理器具がアイランド上に散らかりやすい。

L型＋アイランド
料理の下ごしらえや配膳台を兼ねるアイランド調理への参加がしやすく、下膳などの作業もしやすい。

図5・2 「つくる」と「食べる」の形

■「つくる」と「食べる」の寸法

　調理をして，配膳して，料理を一緒に楽しんで，最後に片づける。その流れをシミュレーションして，どのように人が動くのか考えてみてください。食器はどこにありますか？ ゴミはどこにおきますか？レンジの置場も必要ですね。

　下の図に実際に料理をつくるときの動線を書きこんでみましょう。

　電子レンジや炊飯器，トースターなどを置くスペースはどこか，考えてみてください。

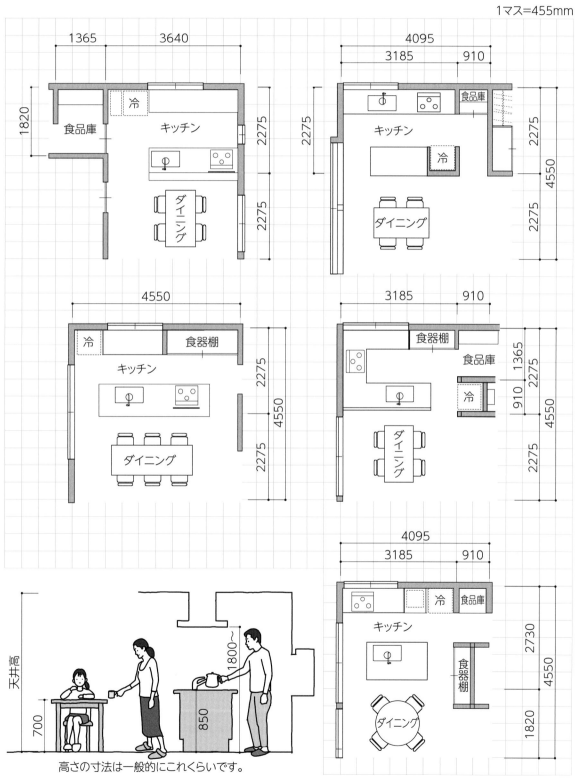

図5・3「つくる」と「食べる」レイアウトの例

5-2 いる・すごす・まねく

　住宅は家事をこなすだけでの場所ではなく，居心地のよい，リラックスできる，心の休息を得られるような「いる・すごす」居場所であり，つくり方にその人の生活信条が現れます。「いる・すごす」居場所の多さは，その住宅の豊かさをあらわすものです。

　また自らのプライベート空間として生活するだけではなく，来客を「まねく」際には，招き入れる作法をどうするか，来客の視線になにが映るか，どう感じてもらうかなど，他者の視線を自らの住まいに反映することも大切です。

■居場所はどこにある？　どこにつくる？

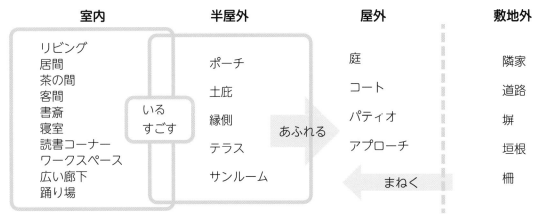

図5・4　「いる・すごす・まねく」の関係

■「いる・すごす」のいろいろをみてみましょう

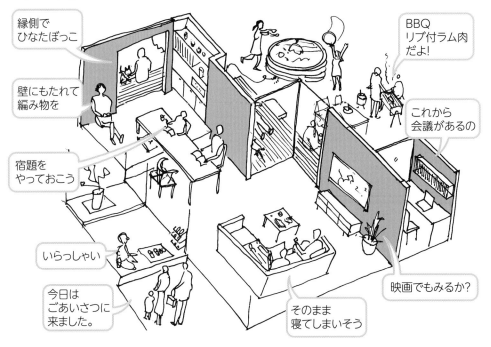

図5・5　「いる・すごす」の形

■家の中に「まねく」玄関のいろいろを見てみよう

　玄関とその周辺は，家族の日常の出入りと来客をまねく，両方を兼ねる場です。したがって，モノと人の出入りが集中することから，動線と広さを上手にレイアウトする必要があります。

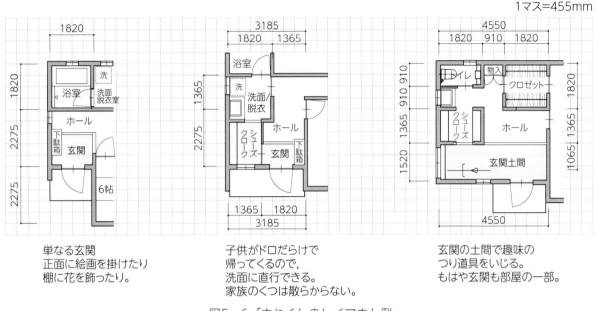

1マス=455mm

単なる玄関
正面に絵画を掛けたり
棚に花を飾ったり。

子供がドロだらけで
帰ってくるので，
洗面に直行できる。
家族のくつは散らからない。

玄関の土間で趣味の
つり道具をいじる。
もはや玄関も部屋の一部。

図5・6「まねく」のレイアウト例

■つかず離れず３ｍの距離が居心地を左右する

　一緒にいながら，それぞれ別のことができるのは，お互いの距離が３ｍ程度離れていることがベスト。同じ空間でも，家具などの仕切りで，気配は感じるが，気にならない領域を作ることができます。

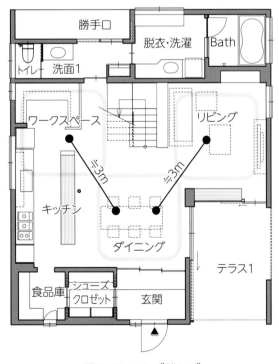

図5・7 つかず離れず

5-3 ねる・しまう・こもる

■「ねる・しまう」のダイヤグラム

　主寝室・個室など最もプライバシーの高い部屋は，日々の疲れを癒し明日への活力を得るための落ち着きや静けさが確保できなければなりません。風通し，換気，遮音などの室内環境に配慮した計画が必要になります。

図5・8 「ねる・しまう・こもる」の関係

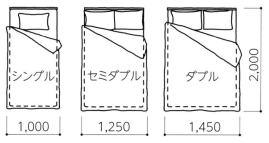

図5・9 ベッドのサイズいろいろ

■「しまう」の基本

　使用頻度，出し入れのしやすさで3段階にわけて収納を考えるといいでしょう。

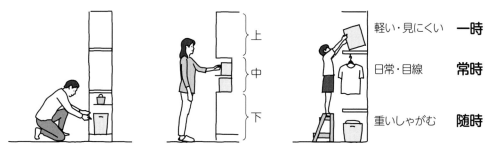

図5・10 「しまう」の形

■「ねる・しまう・こもる」の寸法

　就寝の場としまう場所は近いことが多いのでペアで考えることが多い。それぞれのケースで寸法を確認してください。
　以下の例は最小寸法でまとめてみたものです。

図5・11 「ねる」のレイアウト例

5-4 あそぶ・みせる

■「あそぶ」・「みせる」のダイヤグラム

余暇時間が豊富になった現在の生活は，単なる安らぎ・憩いの場から積極的なレクリェーションの場となっています。住空間の中では，様々な創作活動が行なわれ，住み手の特質がよくあらわれる場となります。

ヨガ，体操ゲームなど体を動かすものから，絵画，音楽，花，茶といった精神的な活動まで。住まいは，精神的なリフレッシュの他に，近所の子供達を教える教室や塾のスペースなど，実利的な役割も果たします。近年はテレワークなどの仕事場も住宅に必要になり，いよいよ充実が求められています。

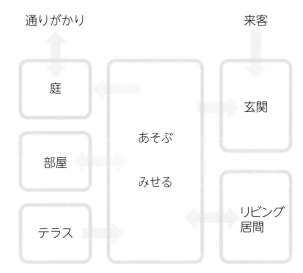

図5・12 「あそぶ」・「みせる」の関係

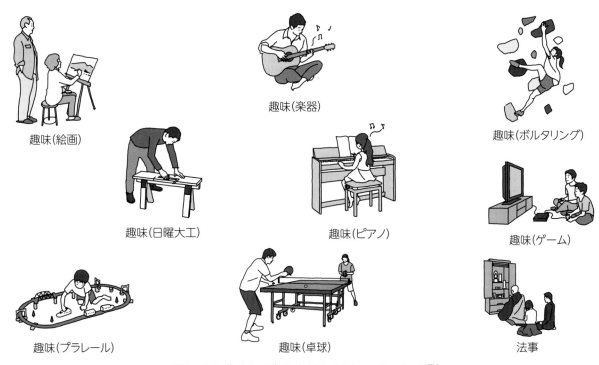

趣味(絵画)
趣味(楽器)
趣味(ボルタリング)
趣味(日曜大工)
趣味(ピアノ)
趣味(ゲーム)
趣味(プラレール)
趣味(卓球)
法事

図5・13 住まいで行われるレクリエーションの形

■年中行事は大人から子供までの思い出づくり─大切にしたい日本の文化・習慣です─

お正月
桃の節句
端午の節句
七夕
お彼岸
クリスマス
十五夜
大掃除

図5・14 日本の年中行事の例

5-5 とおる・おとす・とめる

廊下の幅については，住宅では最低でも内法寸法で750mm
が必要です。しかし最低寸法だけでは，何に異なる部屋どうし
を繋ぐだけの単なる機能を満たすだけになってしまいますし，
お互いがすれ違えないという困った現象も起きてしまいます。

住宅では最低寸法を守るだけでは味気ないものになってしま
います。実際の生活のシーンの中で通過動線はその機能だけで
はなく，生活を豊かにする場所ともなり得るように考えていく
と良いでしょう。

ここでは，基本的な階段の寸法について見ていきます。

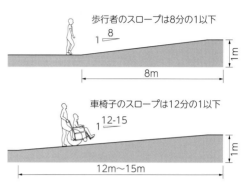

図5・15 スロープの勾配

■「とおる」の基本サイズ

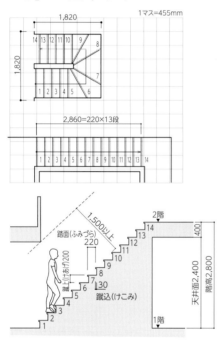

図5・16 直階段と各部の名称

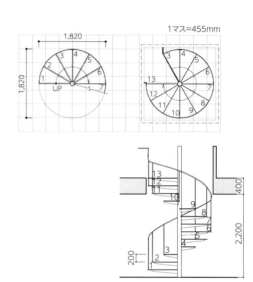

図5・17 折りかえし階段／らせん階段

■「おとす」の寸法

疲れ・垢・汚れなどをおとす，
浴室・トイレ・洗面所・脱衣な
ど，体を整える場。

日本人の入浴は，体の清潔のた
めの実用ばかりではなく，生活の
楽しさのひとつでもあります。

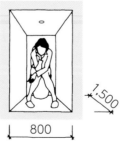

最近の便器のサイズを基準に考える
と，幅800×奥行き1,500mm程度
になります。

図5・18 トイレの標準寸法

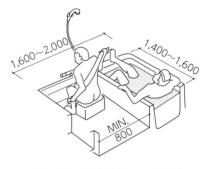

洗い場の寸法は800mm以上は
必要になります。

図5・19 おフロの標準寸法

ワンルーム型の西洋式バスルームに対して，日本式は便所を同室にしないことが多いです。
また，浴槽内に張られた湯を共有するため，浴槽脇に洗い場を設けるのが特徴です。
そのため，洗面・脱衣の場と浴室の組み合わせが標準的になっています。

図5・20 浴室と洗面・脱衣・トイレのレイアウト例

■「とめる」自動車のサイズと軌跡を確認しよう

　住宅の敷地内で最も大きな設置場所を必要とするのが自動車です。ドアの開け閉め，荷物の積み込みなど，その寸法を押さえておきましょう。設計の初期段階で，自動車の駐車位置が全体配置を決めることが多いからです。

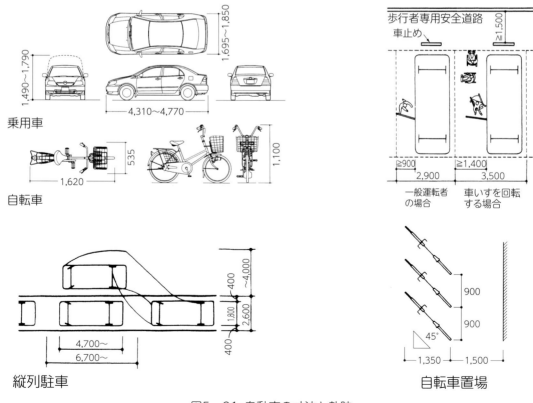

図5・21 自動車の寸法と軌跡

5-6 干す・しつらえる

■「干す」前に洗い，そして最後は「しまう」

　洗濯は日常の家事の中で，最も移動距離が長い生活行為です。時には上下階の移動をし，朝から夕刻までの時間を必要とし，大変な家事のひとつです。近年では花粉症の人も多く，洗濯干場に対してもさまざまな要望が上がります。

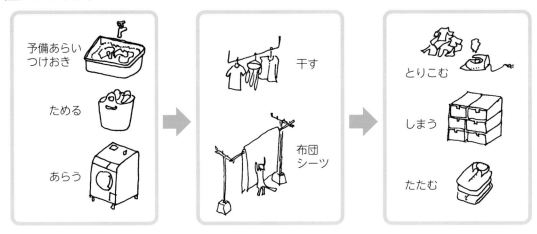

図5・22 「干す」・「しまう」の関係

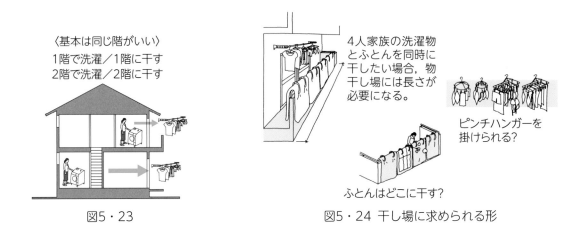

図5・23

図5・24 干し場に求められる形

■「干す」は1階・2階どちら？

　平面計画の中で「干す」場所をどこにするのがよいでしょう。日当たりが良い2階のベランダやバルコニーも好まれますし，庭やテラスに干す人も多いです。室内から考えると脱衣室や浴室に近い方が良いでしょうし，寝室の近くでも便利そうです。

　基本は洗濯をする場所の近くに置くことが作業負担も少なく効率も良いようです。室内干し場だけで完結している住宅も増えてきました。

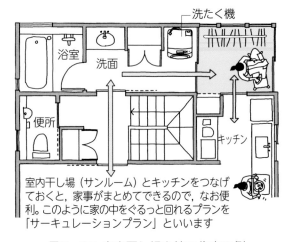

室内干し場（サンルーム）とキッチンをつなげておくと，家事がまとめてできるので，なお便利。このように家の中をぐるっと回れるプランを「サーキュレーションプラン」といいます

図5・25 室内干し場を持つ住宅の例

■「しつらえる」は，招き入れる形，仕掛け，設え

　住宅を単体の箱として設計するのではなく，敷地に適切に配置し，住宅と庭，庭と道をつなぐ形を整えましょう。道に対しての構えは，お客様を招くための設えであり「顔」になるものです。

　また，地域の雰囲気や景観にも大きく貢献しています。街の風景はそれぞれの住宅がつくり出しているからです。

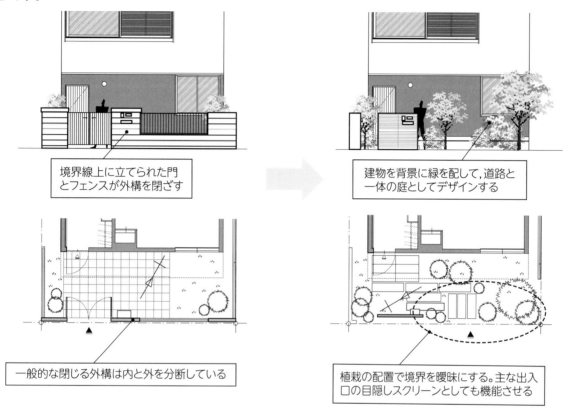

境界線上に立てられた門
とフェンスが外構を閉ざす

建物を背景に緑を配して，道路と
一体の庭としてデザインする

一般的な閉じる外構は内と外を分断している

植栽の配置で境界を曖昧にする。主な出入
口の目隠しスクリーンとしても機能させる

図5・26　開いている外構と閉じている外構の形

■都市部での庭の考え方

　庭は個人やその家族が楽しむだけではなく，街の景観の一部になるものです。方位や周囲に合わせて，道ゆく人を楽しませる境界面の工夫が，住宅地しいては周辺環境を良くするため，努力を惜しんではいけません。設計者が住宅の外構について積極的に提案していく必要があります。

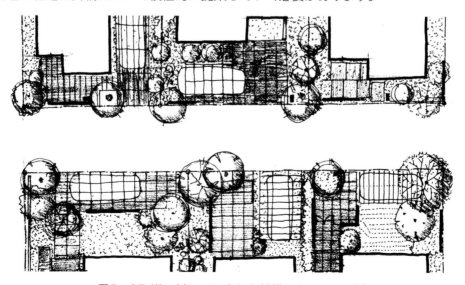

図5・27　道に対して工夫した外構になっている例

6章
生活と環境

最近，環境について，地球について考えることが多いですね。

……住宅を設計することで貢献できることがあるでしょうか？……

「たくさんありますよ！」

……自分の土地であっても，住宅を建てるにもルールがあるの？……

「自分だけの身勝手は周りに迷惑をかけ，環境を悪くしてしまうかもしれません。」

地域も地球もみんなで住むものだから，きちんとしたいですね。

K邸：食卓からの眺め

6-1 自然エネルギーを活用しよう

　これからの住まいは，環境との共生を目指し，できる限り自然エネルギーを活用し，省エネルギー性能を格段に上げる必要があります。それと同時に，快適性や利便性の向上，2世代，3世代と長く住み続けられる住宅が求められています。そのためには，太陽や風などの自然エネルギーの活用・庇の利用・建物断熱性能の向上・省エネルギー設備の積極的な利用が必須となります。

■太陽の日射熱を利用

　日射熱を夏は遮断し，冬は取り入れる。特に冬の日射熱は，暖房エネルギーとなり，大きな省エネルギー効果が期待できます。季節による太陽高度と太陽方位角を知ることで，屋根・庇の長さや設置高さ，窓の位置，建物の形状や配置の検討に利用することができます。

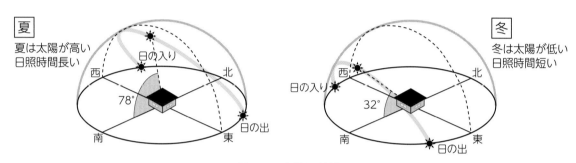

図6・1 太陽の軌道

■自然風の利用

　夏場の冷房エネルギーの削減や，過ごしやすい季節の通風計画により，快適に過ごすことを考えましょう。風の取り入れ方には主に，風力換気と重力換気があります。敷地の風向きや風の通り道を確認し，適切な位置に窓を配置したり，高低差のある窓を設置します。外構計画も大事で，夏の日射のカットや照り返しが来ないような工夫をします。

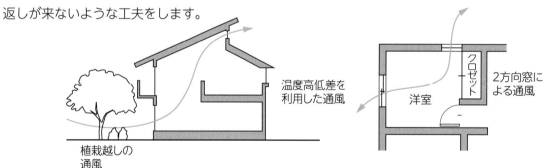

図6・2 通風計画

■庇の利用

　建物の出入口や窓の上部に設けて，雨や日差しを防ぎ，壁面や開口部を守る役割があります。

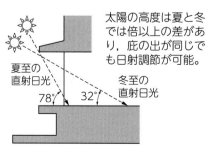

図6・3 庇の効果

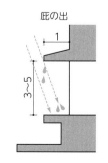

図6・4 雨に有効な庇の出

6-2 暑い・寒い（快適・不快）はなぜ感じる

　人が暑い・寒いや快適と感じるのはなぜでしょうか。着衣量や温度・湿度・気流など様々な要因がありますが，大きく影響しているのが体感温度です。体感温度は，空気温度+室内平均表面温度を2で割ったものに近くなります。

■室内で人の感じる体感温度の仕組み

　同じ空気温度でも床・壁・天井・窓の表面温度が低かったり高かったりすると，人間は暑い・寒いと不快に感じます。そのため，床・壁・天井・窓の断熱性能を高め，室内の表面温度と空気温度を近づけて，温度ムラをなくすことで，人は快適と感じることができます。

体感温度　19℃　　　外気温度　0℃　　　体感温度　15.4℃
室温　　　20℃　　　　　　　　　　　　室温　　　20℃
表面温度　18℃　　　　　　　　　　　　表面温度　10.8℃

図6・5 体感温度は室内の表面温度に影響を受ける

　外気温の影響を受けないように室内表面温度を安定させるためには，家の外皮（床・壁・天井）部分で熱の侵入を遮断し，また高性能な窓を使用することです。熱を遮断するために設置する材料を断熱材と呼びます。断熱材は床・壁・天井に，バランスのよい厚みで設置します。快適な住宅をつくるには，なによりも断熱性を高めることが大切なのです。

■相対湿度と絶対湿度

　湿度には相対湿度と絶対湿度があり，普段暮らしの中で使われるものは相対湿度です。空気中に含まれる水蒸気の割合を表したもので，単位は％。絶対湿度は空気中に含まれる水蒸気自体の量です。単位はg/m^3。人は相対湿度が高ければ暑く，低ければ寒く感じますので，夏は低く，冬は高くするようにします。

■省エネルギー設備の利用

　高断熱化された住宅に，再生可能エネルギーの利用と省エネルギー設備を組み合わせることで，ランニングコストのかからない徹底した省エネルギー住宅をつくることが出来ます。

　それぞれの特徴を理解し，積極的に利用することが求められます。

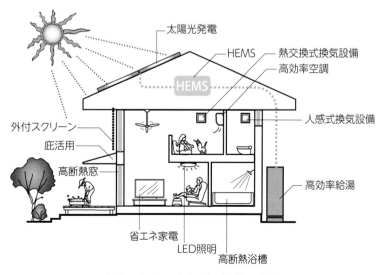

太陽光発電
HEMS　熱交換式換気設備
高効率空調
外付スクリーン
庇活用
高断熱窓
人感式換気設備
高効率給湯
省エネ家電
LED照明
高断熱浴槽

図6・6 省エネルギー設備の利用

6-3 形にかかわる約束事（法的な規制）

　設計する住宅は，周囲に対しての社会的な責任があります。これを守るために法規則が存在します。住宅設計で押さえておくべきいくつかのポイントを紹介します。

■用途地域

　都市計画法に基づきその土地にどんな建物が建てられるか，住居系・商業系・工業系に分けられ，さらにそれぞれが細かく分けられ13の用途地域が定められています。

　住居系が住みやすい場所となりますが，区分に応じて建蔽率や容積率，道路斜線，北側斜線など各種斜線規制が異なります。また，住居が建てられない地域もあります。

■道路の種類・幅員規制・接道義務

　建築基準法の道路は主に6種類に分類されます。幅員は4m以上必要です。また，敷地と道路は2m以上接していなければ建物は建てられません。

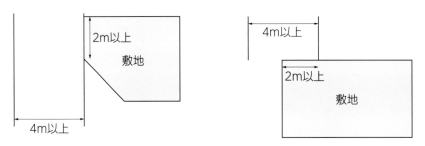

図6・7　接道義務

■建ぺい率・容積率

　建蔽率は建築物の敷地面積に対する建築面積の割合。容積率は敷地面積に対する延床面積の割合。用途地域によって数字が決まっていて，その敷地に建てられる建物の大きさを制限しています。

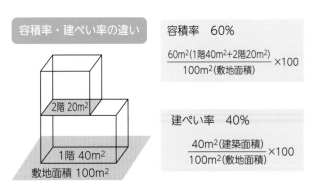

図6・8　容積率・建ぺい率

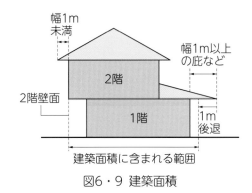

図6・9　建築面積

■高さ制限

建物の高さを制限する法には，絶対高さの制限，道路斜線，隣地斜線，北側斜線，高度地区による制限があります。

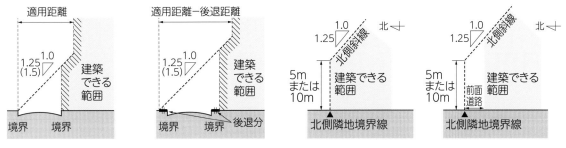

図6・10 道路斜線　　　　　　　　　図6・11 北側斜線

■延焼ライン

隣地境界線・道路の中心線・同一敷地内の2以上の建築物の外壁間相互の中心線から，1階は3m以下，2階以上は5m以下の距離にある建築物の部分のことです。この範囲内の建築物はさまざまな規制を受けます。

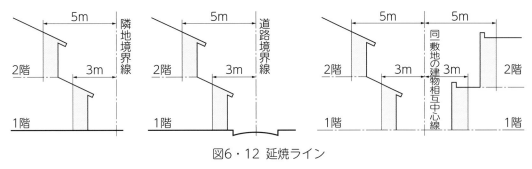

図6・12 延焼ライン

コラム 法規チェックは確実に！
岸 野 浩 太

天空率の利用

　施主がずっとこだわっていた切妻屋根。その外観で設計プランを半年間進め，請負契約をして確認申請を提出。

　ところがその切妻屋根が道路斜線にあたることに申請機関が気づく。急きょ寄棟屋根に変更したが，施主はもうカンカン。半年の打ち合わせは何だったのかと。

　仲間に相談すると，天空率の利用で道路斜線が緩和できる可能性があることを知る。早速検討に入り，結果，予定通り切妻屋根でいけることに。私は自分の勉強不足を反省し，相談する相手がいたことに感謝。天空率よ。ありがとうー！！！

北側斜線

　住宅地で注文住宅の設計を行った。3LDKの住宅で2階北側に洋室6帖2つを配置し，南側に主寝室と明るい多目的スペースを作った。施主は多目的スペースをとても気に入り，最終段階の法規チェックに入った。

　ところが車庫を取るため北側いっぱいに建物を寄せていたので北側斜線があたってしまい，子供部屋の天井高さが低くなってしまった。

　結局子供部屋を南に移動し，多目的スペースは北側に移動させ納戸に変更。このように施主も私もガッカリな話もある。

6−4 居心地にかかわる約束事（法的な規制）

法的な規制のうち，室内に関する設計の基準をみていきましょう。

■採光基準

住宅の場合，すべての居室において採光上有効な窓面積が，居室の床面積の1/7以上なければならないと規定されています。

W(有効採光面積)×Ki(採光補正係数)・Wi(開口部面積)

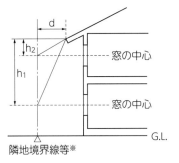

d/h₁：1階の窓の採光関係比率
d/h₂：2階の窓の採光関係比率

採光補正数Ki
窓から軒の距離(h)が小さく，隣地境界線から軒の距離(d)が大きいほど，採光上有効な窓として算定される。

用地地域	採光補正係数の算定式
住居系地域	$6 \cdot d/h - 1.4$
工業系地域	$8 \cdot d/h - 1$
商業系地域	$10 \cdot d/h - 1$

図6・13 採光補正係数

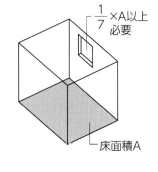

【採光計算例】

住居系地域における，床面積10㎡の居室の採光計算。
窓面積巾1.6m×高さ0.9m（1.44㎡）とする。

住宅の必要採光面積は　10×1/7＝1.43㎡
d＝2m，h1＝4mの場合（2階建ての1階）
Ki＝6×2/4−1.4＝1.6　W＝1.44×1.6＝2.30㎡＞1.43㎡・・・OK

d＝1m，h1＝4mの場合（2階建ての1階）
Ki＝6×1/4−1.4＝0.1　W＝1.44×0.1＝0.14㎡＜1.43㎡・・・NG

d＝2m，h2＝1mの場合（2階建ての2階・平屋）
Ki＝6×2/1−1.4＝10.6　W＝1.44×3＝4.32㎡＞1.43㎡・・・OK
　　（採光補正係数Kiは最大3）

d＝1m，h2＝1mの場合（2階建ての2階・平屋）
Ki＝6×1/1−1.4＝4.6　W＝1.44×3＝4.32㎡＜1.43㎡・・・・OK
　　（採光補正係数Kiは最大3）

平屋建てや2階建ての2階は採光上有利であることがわかる。

■換気基準

　居室には，その床面積に対して1/20以上の換気に有効な開口部を設けなければなりません。ただし，基準に従った換気設備を設ける場合は，除外されます。

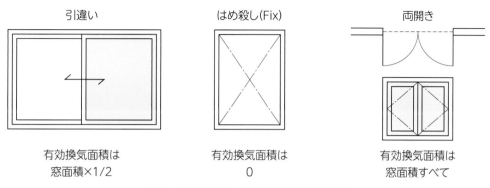

図6・14　換気に有効な開口部の面積

■防火・準防火地域

　市街地における火災の危険を防除するために定められる地域。外壁や屋根・窓などに防火性能の仕様を規定しています。

①防火地域内

階数	延べ面積	
	100m²以下	100m²超
階数(地階を含む)3以上	耐火建築物等	
階数(地階を含む)2以下	耐火建築物準耐火建築物等	

②準防火地域

階数	延べ面積		
	500m²以下	500m²超1500m²以下	1500m²超
地上階数4以上	耐火建築物等		
地上階数3	耐火建築物・準耐火建築物等又は防火上必要な技術基準に適合する建築物	耐火建築物または準耐火建築物等	
地上階数2以下	制限なし,ただし木造建築物等で外壁・軒裏の延焼の恐れのある部分は防火構造		

図6・15　防火地域・準防火地域内の建築制限

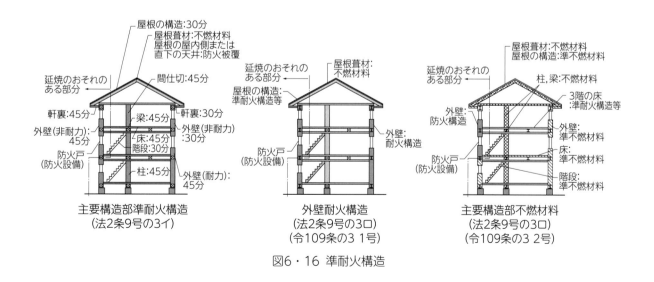

図6・16　準耐火構造

7章

与件を読む，敷地と周辺を調べる

敷地に行って，観察しましょう。

「住宅の設計者は，土地を感じ，空気を吸い，眺め，
そこで何かヒントを感じ取って，設計するのですよ。」

……へえ……そんなことができるんだ。……

「あなたもそうならないといけないのでは？」

それでは実際に設計を始めてみましょう！

M邸：敷地から見た季節ごとの太陽の高さ

7-1 設計条件を読み解き，プログラムを考える

　言葉を形にするためには，まず設計条件として出された内容を読み解き，どのような暮らし方を想定しているかをイメージすることが大切です。まずはじっくり読み，室同士のつながり，距離感，方位などもイメージしてみましょう。書かれていないことを聞きたくなったりもするはずですよね。それが設計のためのヒアリングや対話です。

■施主からの要望メモ（設計条件）の例

- 郊外の住宅地。家族4人と親（母）の5人で住む住宅を設計して欲しい。

- 敷地は2面道路に挟まれた角地。
  南東には児童公園があり，東側の道路は狭く歩行者の通行が多い。

- 母は絵画を教えており，8人程度が座れる教室（土間が望ましい）を欲しがっている。

- 母は妻の親であり，食事・炊事・家事などは，一緒に行う。

- 妻は，日中家にいるが，時々地区の集まりのミーティングをパソコンで行っている。

- 夫は会社員。週2日は休みだが，一月の5日間くらい，8～17時の仕事を自宅で行う。

- 子供は小学生の女の子，未就学児の男の子である。

- 自動車は1台，自転車は4台の駐車が必要。

- 夏は庭にテントを貼り，グランピングしたい。

- 犬を飼いたい。

- 木造2階建てで計画して欲しい。

- 延べ床面積は40坪程度かな。

　　　⋮

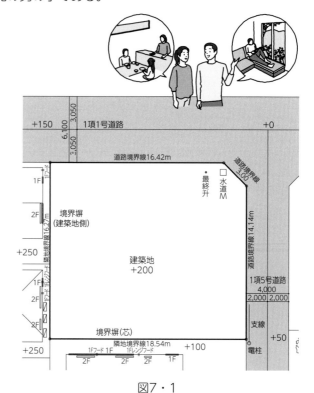

図7・1

「施主からの要望メモ」を熟慮して，この住宅設計における特徴的な要望，イメージできる暮らしぶりから，具体的なプログラムを考えてみることが設計の第一段階になります。

■設計者が「設計条件」を読んで考えたことの例

ヒント！　高齢の親（母）のためには1階を寝室にするのがよいだろな！
いや，まだ元気なら運動のためにも2階寝室もありうる？
将来のホームエレベーターもありうるだろうか。
寝たきりになった時のことを考えると，
寝室からの庭の眺めも考えてあげたい。
トイレや浴室が近いことも大切だな……

ヒント！　絵画教室は，ほぼ教室として専用の空間になるのかな？　日中の教室かな？
夜は使うのかな？
庭に面した方が雰囲気もよいだろうし，公園側から教室の生徒が入りやすいよりやすいようにしたいかも。

ヒント！　犬を飼いたいということは，散歩からの帰り，室内への入り口を庭側から？
大型犬？　小型犬？　外で足を洗う場所が欲しくなるかも。

ヒント！　テレワーク（自宅で仕事）のことが書かれているから，夫も妻も別々に小さな部屋が必要なのだろうか？　パソコンコーナーがあれば済むだろうか？

ヒント！　延べ40坪？という数字の指定はどうしてだろう？
予算から判断したのかな？

- 庭を中心にして囲むように，それぞれの居場所がある家にするのがよさそうだ……
- 教室は公園側，母の部屋はその対極にあるほうが落ちつくかな。

と，このくらいのイメージが出たら，敷地に出向いてみてイメージしてみましょう。

7-2 敷地と周辺環境を観察し，配置をイメージする

■敷地と周辺の記録と観察

　敷地に出向いたら，敷地と周辺図を徹底的に記録して，道路・隣地・配置・敷地において気づくことをまとめてみよう。環境・周辺に対して気づくことは，住宅設計においてとても大事。

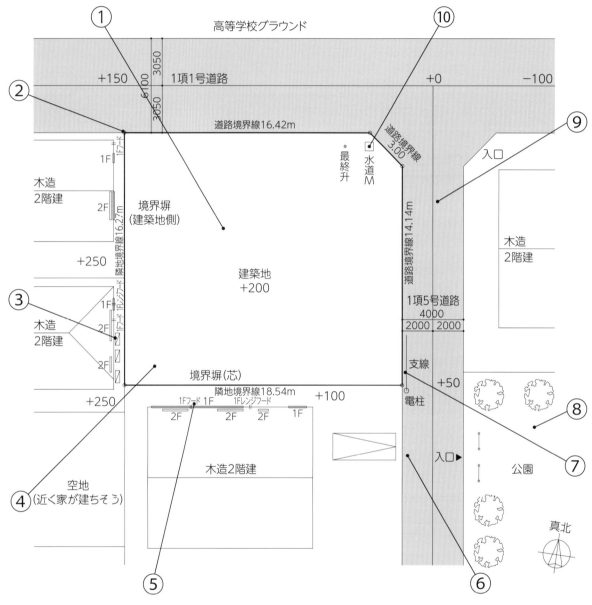

図7・2　敷地を調べる

■敷地状況を把握するためのチェックポイント

□交通量	□下水，上水，電気，ガスのインフラ	□現在の陽当たりと将来の予測
□騒音	□隣家形状と窓，室外機，屋外フード	□防犯とプライバシー
□電柱や街灯の有無	□境界杭の確認	□眺望と周辺環境
□道路境界の状況	□境界塀の位置と形状	□ハザードマップのチェック
□周辺の車庫出入口	□敷地と周辺の地盤レベル差	□匂い，雰囲気

①

北側全景(眺望)
2階だとグラウンドの木がよく見えるかも

②

境界杭(敷地境界線の確認)が
きちんとあるかな?

③

室外機が並んでいて
騒音がありそう……です。

④

冬11:30の日影(陽当たりの把握)
けっこう影響がありそう

⑤

台所フード(匂い)
窓(プライバシー)
夕方にはけっこう煙が……

⑥

隣地車庫
出入りに危険がないかしら
眺めとしては良くないが視線の抜けは良い

⑦

電柱と支線(障害物)
じゃまです。見た目も×

⑧

公園(眺望・周辺環境)
東南に視界が抜けてます
ここからよく見られそう

⑨

道路(交通量)
車があまり通らない道です

⑩

水道メーター(ライフラインの確認)
ありました。

敷地調査が終ったら,法規のチェックをした後に
・敷地への入り口で適切なのはどこがよいか?
・車両の入り口はどこが適切?　…について
　どんな可能性があるか,間取りを考える前にいく
つかパターンを考えてみるとよい。駐車スペースの
配置は住宅の配置に大きく影響するからです。

配置のイメージができたら,次へ　⇨

7-3 ゾーニングでダイヤグラムを整理する

想定したプログラムをより具体的に間取りにしていくため，ゾーニングをして，敷地全体の使い方を整理してみる。

全体のゾーニングをしてみると，敷地の特徴や配置の結果起こりうる良い，悪い，面白そう，難しいなどの状況がみえてくる。

■敷地内配置の関係をゾーニングしてみる

電柱があるし，道が狭い，公園があるということは子供なども多い。だから車は大きな道路側から入れるのが良いだろう……すると，自転車，玄関は北側か？ 絵画教室は公園側が良さそうだ。あまり南側に建物が寄ると陽当たりが悪くなりそう。

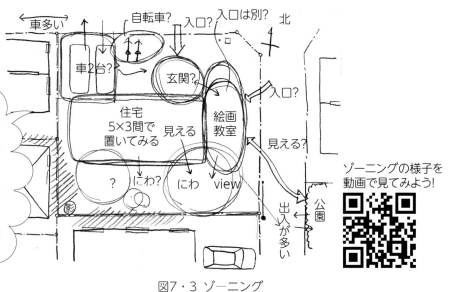

図7・3 ゾーニング

ゾーニングの様子を動画で見てみよう!

• まずはひとつゾーニングをしたら間取りのダイヤグラムを描いてみる。

■住宅間取りの関係をダイヤグラムで描いてみる

玄関を中心に，絵画教室は東側にすると，お茶などの提供でキッチンが近い方が良いのか？ いや，母の寝室に近い方が良いかも……迷う……横長に幅を結構とるかもしれない……

図7・4 初期ダイヤグラム

ダイヤグラムを描く様子を動画で見てみよう!

• 敷地内の配置と間取りのダイヤグラムは何度も繰り返して描いてみる。
• この作業をでたらめにしたまま次に進むと，結局うまくまとまらずに，やり直しになる可能性があります。

■2回目ダイヤグラム

駐車場が北東側にくるということは、その南側に母の部屋が置けそうだ。水回りも近くに配置したいので、LDKと母のスペースは水回りを挟んでクッションにするか？

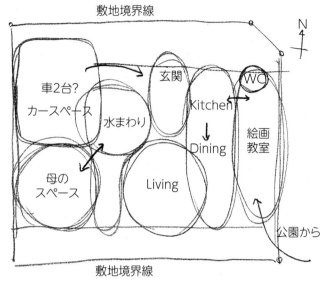

図7・5　2回目ダイヤグラム

・部屋同士の関係がうまくいきそうだったら、部屋の大きさのスケールを意識して描いてみる。

母の居場所となる部屋だけでは足りない。クロゼットなども必要だ。やはり、庭を囲むように母の部屋を配置して、車付近は、水回りとクロゼットにしよう。キッチンから水回りが近い方が家事も楽だしその方が上手くいきそうだ。車庫を避けて建物を北に少し寄せられそう。

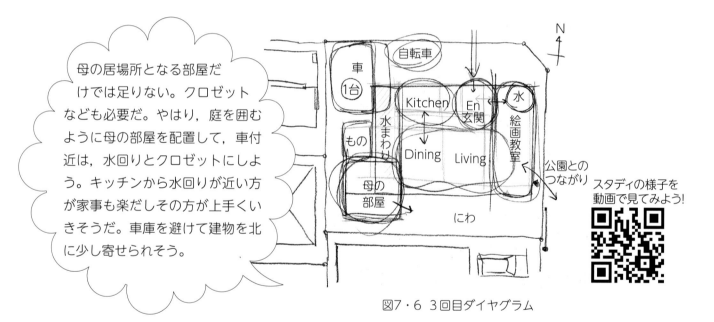

スタディの様子を動画で見てみよう！

図7・6　3回目ダイヤグラム

■3回目ダイヤグラム

よし、この方向で進めてみよう！　となったら、いよいよスケールをあてはめていきます。
このパターンのスタディは、たくさんしてみてください。
しだいに自分の癖や好みも分かってくるはずです。
また与件設計条件が解けない場合は、改めて前ページに戻って再検討します。

8章
エスキース

計画を練るにはエスキースが必要です。

エスキースに王道はありません。

試行錯誤の繰り返しから，アイディアを練り，
計画をまとめていくことを習慣にする。……

それが設計の上達の第一歩なのです。

自分のエスキースを友人に見てもらう

8-1 生活空間にスケールを与える

　平面プランを考えることに慣れていない初心者は，平面を考える第一歩として，生活行為の単位空間を455mm＝1マスとして，その大きさを把握する習慣をつけることです。

　図8・1は主な部屋の大きさや，単位空間の大きさをマス目に乗せて描いています。

　4マス＝1,820mm，6マス＝2,730mmといったように寸法を覚えると同時に，4.5帖は6マス角，8帖は8マス角，浴室は4マス角という標準的な単位空間の大きさを理解してしまうと便利です。

■実際の空間をマス目で把握する

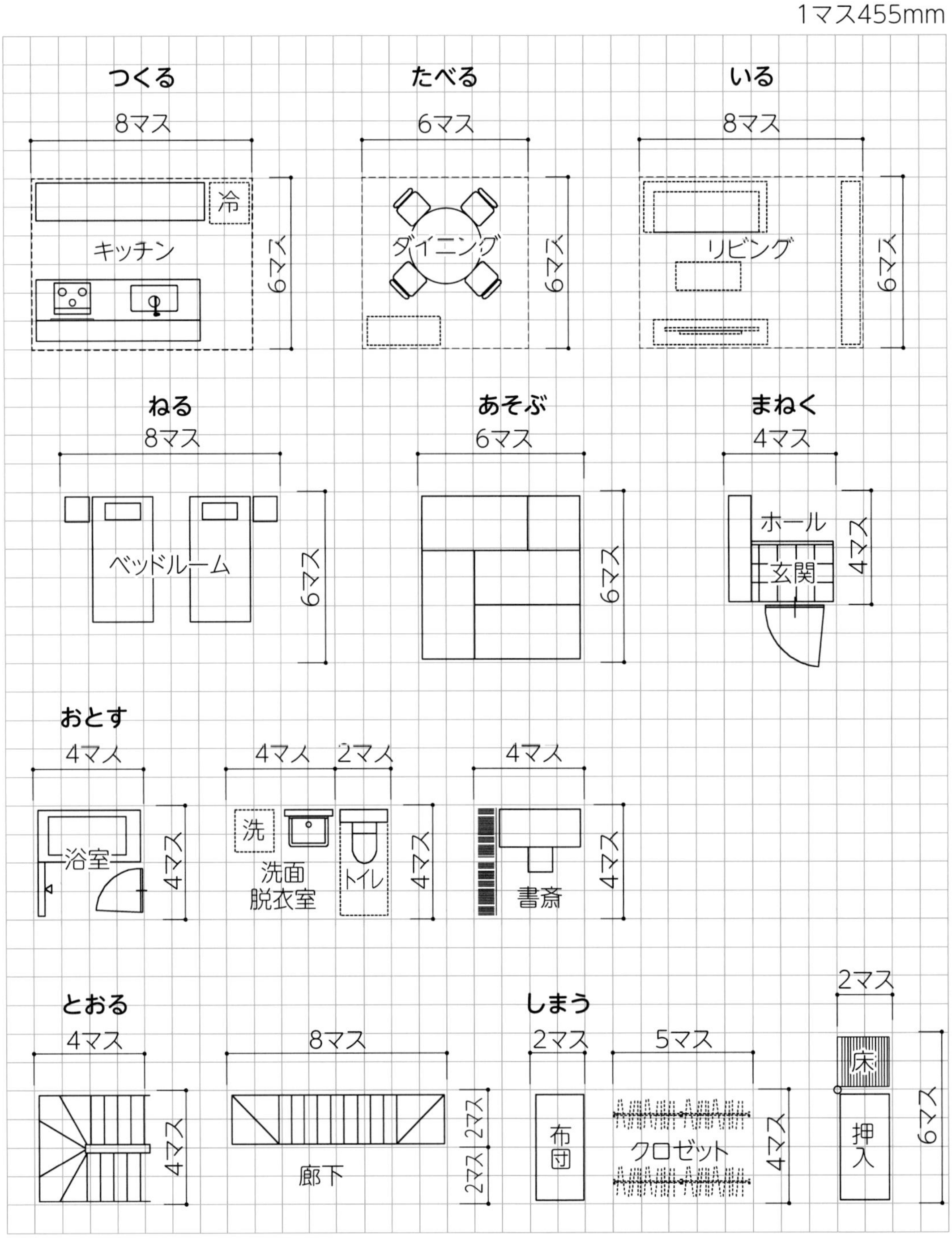

1マス455mm

図8・1 455mmグリットと部屋の大きさ

■平面プランを見たらマス単位がどう構成されているか読みとる習慣をつける

1マス455mm

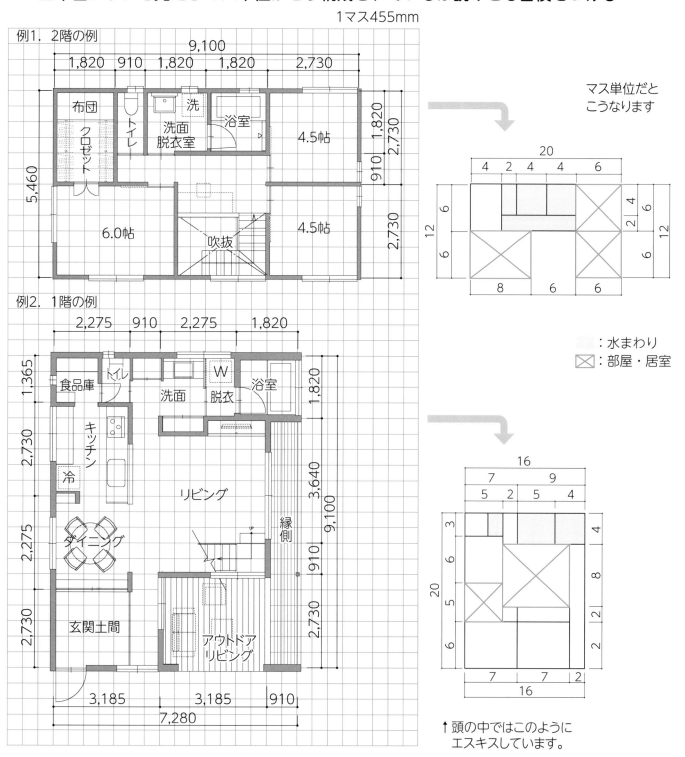

図8・2 平面プランからマス目の構成を読み取る

覚えてしまおう！

910mm×1,365mm	=	2マス×3マス				
1,820mm×910mm	=	4マス×2マス	=	1.0帖	= 畳1帖	≒ 1.65㎡
1,820mm×1,820mm	=	4マス×4マス	=	2.0帖	= 1坪	≒ 3.3㎡
2,730mm×2,730mm	=	6マス×6マス	=	4.5帖		

8-2 ダイヤグラムに空間の大きさを与える

　実際の部屋の大きさを455mmマスの単位で把握できたら，7章で考えた間取りのダイヤグラムにあてはめてみましょう。ノンスケールのダイヤグラムに実際のスケールを与えると，敷地範囲に計画内容が入るかどうかを含めて検討することができます。うまく入らない場合には横長で配置したり縦長に置くなどの調整を行って全体がまとまるまで繰り返します。

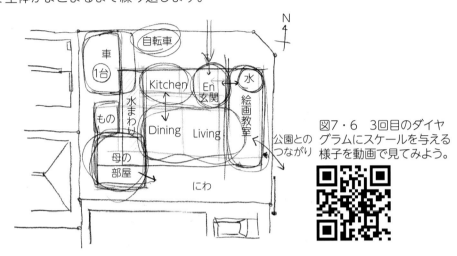

図7・6　3回目のダイヤグラムにスケールを与える様子を動画で見てみよう。

・廊下は2マス〜4マス巾で考える。

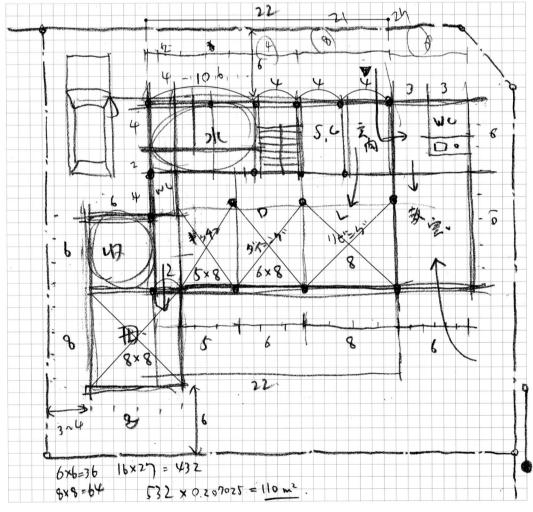

図8・3　1階のエスキースのイメージ

8-3 2階を同時に考え，階段位置を決める

　どの部屋が2階になるのかを事前に考えてその面積バランスも検討しておきましょう。基本は総2階とし，1階の面積が大きい場合には，下屋にして出すのがよいでしょう。

　1階を計画してから2階を乗せると，バラバラなものになりやすいので注意してください。

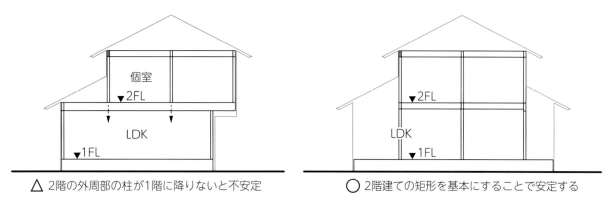

△ 2階の外周部の柱が1階に降りないと不安定　　　○ 2階建ての矩形を基本にすることで安定する

図8・4 構造が不安定な形・安定する形

　上下階をむすぶ階段の位置は，平面計画において変えられない配置となるので，間取りを考える場合には，まずは1階のどこに階段が来るかを把握します。そのため，2階の平面を先にイメージしておくと良いでしょう。

　階段はなるべく真ん中にあるのが良い。
　東側に寝室とクロゼット，夫の書斎，子供室は2つ並べて，北側のあたりは余りそうだ……子供リビングにでもするか？ 予備のスペースとして取っておくか？ 何か利用したいかも。

　上下階が揃うメインの四角（22×16マス）を描いてみると，それなりの大きさになりそう。音の問題を考えると，母の部屋の上に部屋は置けないし，道路側の教室の上にも部屋があると，ちょっとヴォリュームが大きすぎるかも。

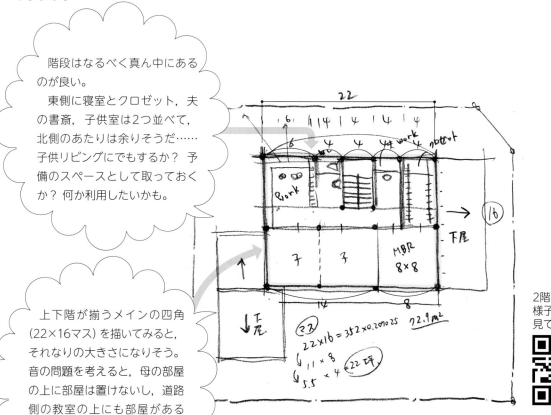

2階を描く様子を動画で見てみよう。

図8・5 2階のエスキースのイメージ

8-4 平面として計画をまとめる

平面図として寸法を意識しながら清書しつつまとめていきます。まだ怪しい，まとまらない箇所が出てくる場合は，その部分のエスキースを繰り返し，解決策を考えます。

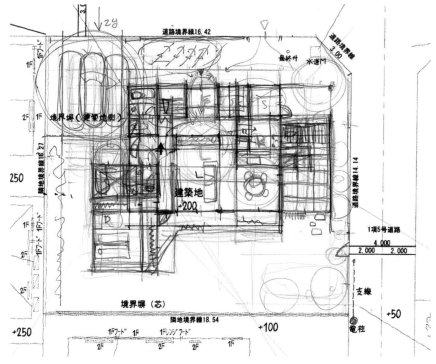

図8・6 エスキースが次第に明確になっていくイメージ

- ダイヤグラムから平面図に清書しつつまとめていきます。室内の動線を図面上で歩き，動きや繋がりを確認しましょう。修正をおこない，全体のまとまりを確認します。

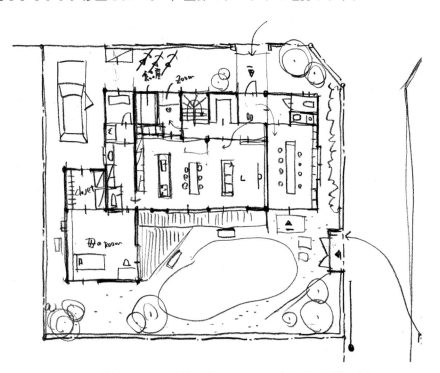

図8・7 敷地の周辺と外構を描きこんで一応完成（1階の例）

- 図面の中で歩いてみる，暮らしてみる，朝起きてから寝るまでをプランの中でイメージしてみる。

8-5 床高・階高・天井高

　慣れている設計者は，平面を計画する際に，実は断面も同時に考えて進めることがほとんどです。なぜならば階高の関係で，階段部分の長さと大きさが，1階と2階の平面計画に影響するからです。

　本書は便宜上，平面計画のプランニングのみを掲載していますが，実際には断面図を平面図に重ねてエスキースをします。

　以下は，断面を考える際に，押さえておきたい高さです。

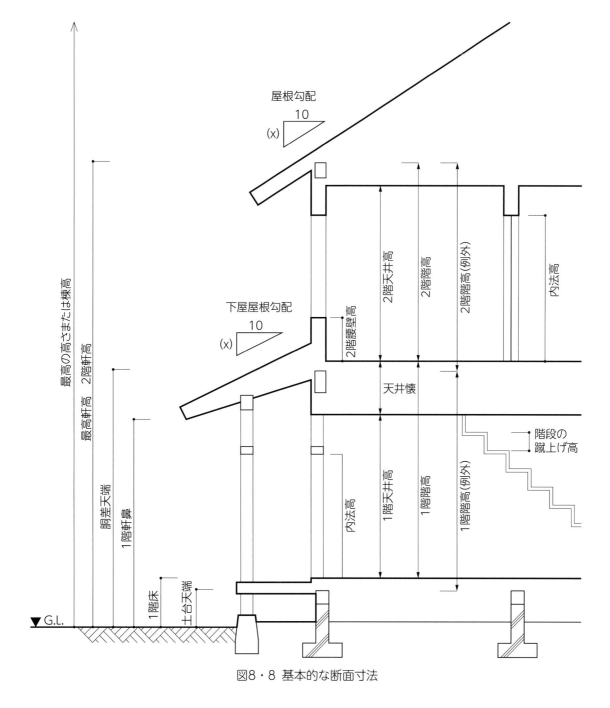

図8・8 基本的な断面寸法

8-6 断面・立面を描いてまとめる

　平面の計画と同時にイメージして進めていた断面，立面図を起こします。初学者のうちは平面図を考えてから断面・立面を順に考えていきがちですが，住宅設計に習熟してくると，ほぼ同時に，平・断・立面を頭の中にイメージできるようになります。まずは一度，平面図から断面図・立面を起こしてみて，自分が考えた住宅のイメージ通りかを確認していきましょう。違っていたら，もう一度初めからスタディしてみましょう。自分のイメージしていた住宅空間，設計内容との齟齬は何が要因だったのか考え，その反復をすることがトレーニングになります。

　建築士設計製図試験で要求される平面図・断面図・立面図の作図例です。
　実際の2級建築士設計製図試験ではエスキースを約1時間でまとめる能力が問われます。

課題Bの答案用紙（目盛4.55mm）

1階平面図 兼 配置図　縮尺 1/100（目盛4.55mm）

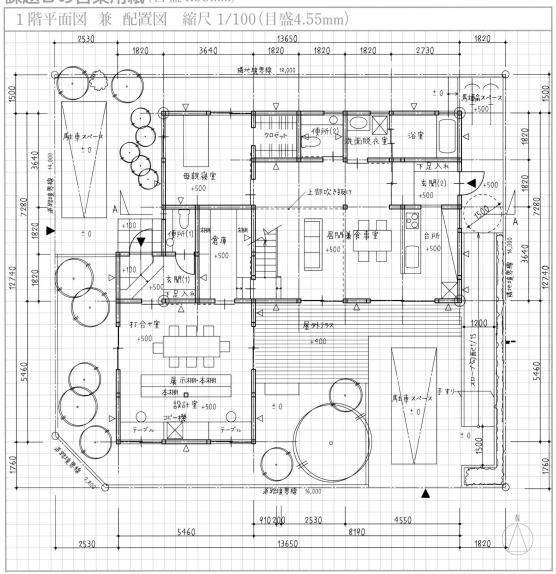

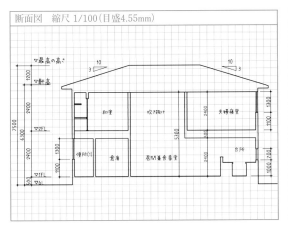

断面図　縮尺 1/100（目盛4.55mm）

西側立面図　縮尺 1/100（目盛4.55mm）

計画の要点

① 住宅のアプローチと事務所のアプローチを離し、駐車場をそれぞれ別に配置して生活とプライバシーに配慮した。

② 設計事務所からすぐに住宅内にアクセスするのではなく、倉庫を介してワンクッション離している。また場合によっては母親の介護の頻度が増えた場合には、倉庫からも直接行き来できるように配置した。

③ 母親の寝室から、水回りや一直線に行き来できるようにレイアウトした。母親の寝室はベットの枕元からリビング方向と、窓の外の風景が両方共感じられるようにした。

面積表	敷地面積	286.00 m²		床面積	1階（計算式）	
					11.83 × 7.28+5.46 × 5.46+1.82 × 1.82	119.24 m²
	建築面積	（計算式）			2階（計算式）	
		11.83 × 7.28+5.46 × 5.46+1.82 × 1.82	119.24 m²		11.83 × 7.28-3.64 × 3.64	73.16 m²
					延べ面積	192.40 m²

2階平面図　縮尺 1/100（目盛4.55mm）

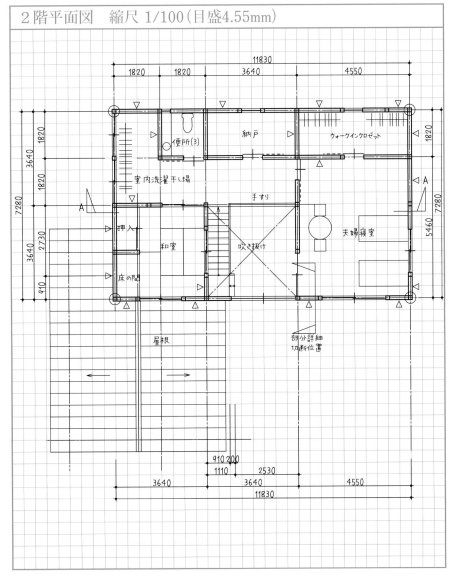

　住宅の平面・断面には，全体を構成する「型」が存在することがよくあります。
　「型」によって生活行為のゾーニングは明確になり，暮らし方をイメージしやすいからです。また，平面とそこでの暮らし方を考えるときに，「型」があると生活が想像しやすく，設計の助けとなることがあります。以下に，一般的な平面の型，断面の型をそれぞれ6タイプ紹介します。

■平面の型

田の字型

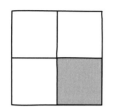

通路空間を設けないで生活空間を繋ぐ型。
生活空間を障子，襖などの可動間仕切りで仕切ることで多様な生活行為に対応でき，想定された空間の中で柔軟性のある生活が可能となる。この型は土間のある伝統的農家の間取りにも見られる。

居間中心型

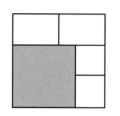

「いる」の生活行為を中心に据えて，その周りに他の生活空間を配置した型。
暮らしの中心空間が他の生活空間をつなぐので，通路空間が必要ないが，逆に通路空間を兼ねることになるので，通過するだけの空間とならないように配慮する必要がある。

ホール中心型

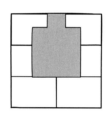

廊下を設けないで，通路空間を集約したホールを中心にその周りに生活空間を配置した型。
通路空間の集約化で動線が短縮され，空間の有効利用が計りやすい。また生活空間はホールと接続しているので独立した空間を確保しやすい。

ワンルーム型・オープン型

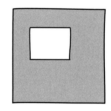

細分化した生活行為の空間を可能な限り一体の空間とし，多様な生活行為に対応させた型。
生理衛生空間を集約化して，他の生活空間を一体の空間とする。個人空間は，可動間仕切りや目隠しで対応させる。この型は住まいの原型でもある。

片廊下型

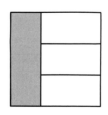

通路空間に生活空間を並べた型で，片側に生活空間を配置した型。マンションなどの集合住宅やホテルの客室のように，共有部分と区分する方法として用いられる。

中廊下型

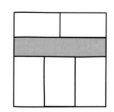

通路空間の両側に生活空間を配置した型。生活空間は独立した空間を確保できるが，閉鎖的な生活空間になりやすいので，充分な広さをとるか，可動間仕切りなどで生活空間につながりをもたせる必要がある。

■断面の型

□平屋型

生活行動のすべてを1階に設け，接地性のある生活空間とした型。
外部空間との接続をもち，天井に限定されない空間が可能。
広い敷地では有効だが，都市部での狭い敷地では周囲との関係で採光，通風などの自然環境の確保に工夫が必要である。

設計上のメリット・デメリット
- 車椅子での生活が容易
- 奥行きが大きい場合は中心部の採光に注意
- 水平方向の広がりを生かせる
- メンテナンスで足場が不要

□2階型

機能の違う生活空間を階層にわけて配置した型。
一般的に1階に共用空間，2階に個人空間を配置し，共用部の接地性を生かす場合が多いが，都市の狭い敷地では，2階に共用部を配置して生活空間に通風，採光，プライバシーを確保する場合がある。

設計上のメリット・デメリット
- 総2階だと，建物表面積が最も小さい形状となる。
- 形がまとまりやすいが表情に工夫が必要
- 上下階の音の伝達に注意が必要

□吹抜型

生活空間を1階と2階に設けて吹き抜けで連続させる型。
吹き抜けによって生活空間が一体の空間となり，心理的にも中心性や豊かさ，広がりのある空間となる。また屋根形状の工夫により，太陽光高度の低い冬季に1階に採光をもたらすことも可能である。

設計上のメリット・デメリット
- 空間のつながりを生かせる
- 日照，通風などを確保しやすい
- 生活音に対する配慮が必要

□ピロティ型

主な生活空間を2階に上げ，1階を開放し接地性の必要な用途に利用する型。
2階は通風・採光に加えて，眺望，プライバシーが確保され，1階はカーポート，作業スペースや将来の生活の変化に対応した増築スペースとしても有効である。

設計上のメリット・デメリット
- 遠方の眺望を生かせる
- 庭との関係を作りにくい。
- 周囲と縁を切りやすい。

□スキップフロア型

床レベルを階ではなく敷地の高低差にあわせて設けたり，中2階レベルを設けて生活空間の連続性を計る型。
床レベルの変化によって生活空間の連続や分断を視覚的に可能にすることや，レベル差を利用した中間階収納スペースの確保など，空間の高さとの組み合わせで工夫することで接地性の改善や空間のメリハリを作りやすい。

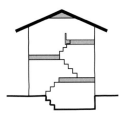

設計上のメリット・デメリット
- 空間の変化を視覚的・動線的にも作りやすい
- 構造的に十分な検討が必要
- 車椅子には対応していない

□積層型（塔状型）

異なる生活空間を積層して配置した型。
生活空間の独立性が保たれるが，生活が層ごとに分かれ繋がりが少ない場合には吹き抜け，スキップフロアなどで生活空間の繋がりを確保する必要がある。都市部での狭小地で建てられることが多い。

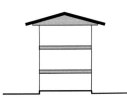

設計上のメリット・デメリット
- 下層階の日照確保や通風が難しい
- 上下階の移動が多くなる
- 階段が床面積に占める割合が大きい

■レベル差によって生じる空間の性格の違いと視界

地面とのスキップ

干渉しにくく生活のプライバシーを守りつつ視界を確保しやすい。

空間のスキップ

見上げ，見下ろしの関係を近距離に持ち，それぞれの視界も確保できる。

ヴォイド

それぞれの視界を持ちつつ，お互いの独立性を確保しやすい。

9章

設計を整える1（屋根を架ける）

さて，設計している平面に屋根を架けます。切妻？ 寄棟？
どんな屋根にしようかしら。

切妻，寄棟，片流れなど，いくつかの基本的な屋根形状には名前が付いています。
そこから選ぶ？

屋根の種類を選ぶのではなく，屋根を立体的にイメージして設計してみましょう。

これが意外と難しいのです。
（楽しいのです）

沖縄の伝統的な民家

9-1 屋根の形態を考える

　RC造や鉄骨造であれば陸屋根とすることもできます。木造では，防水・雨仕舞の観点から傾斜した屋根が基本となります。傾斜した屋根は勾配と流れの向きの組合せによって，いろいろな形態になります。屋根は建物の外観の印象を大きく左右する意匠要素でもあります。

■同じ屋根に架ける屋根のいろいろ

　下図は全て同じ平面形の建物に同じ勾配の屋根を架けたもの（16例）です。
　バリエーションはまだまだ作れます。考えてみましょう。

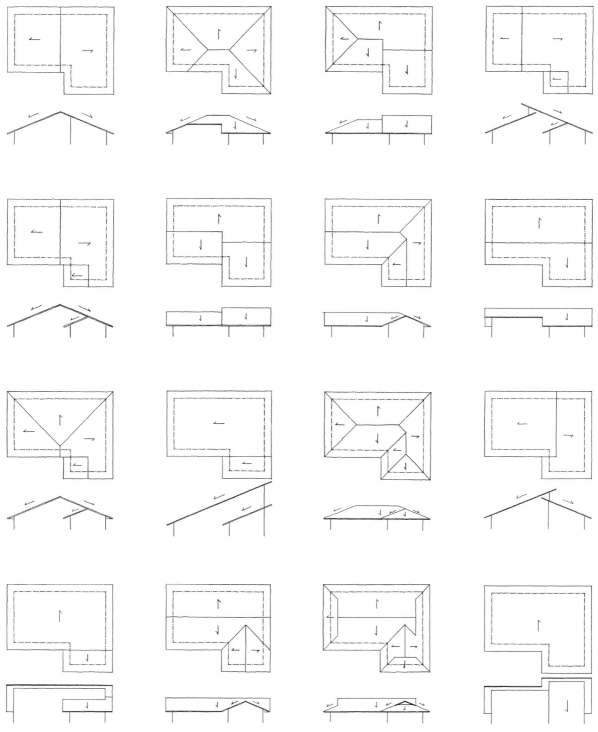

図9・1　屋根の形状

9-2 勾配・梁間と建物の高さ

■屋根の勾配

屋根の勾配と梁間の距離により建物の高さは変化します。建物の高さ（最高の高さ，軒の高さ）によって法規上の扱いが変わってきます。（日影規制，構造計算書の提出等）

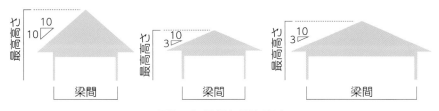

図9・2 屋根勾配と高さ

同じ屋根でも屋根の架構（小屋組）の形式によって天井高や軒の高さが変わります。

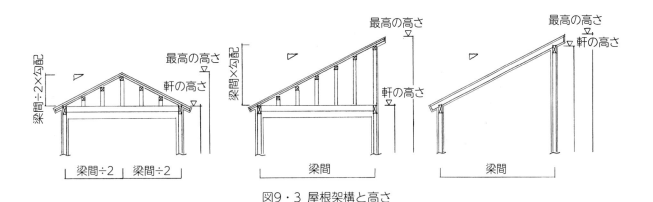

図9・3 屋根架構と高さ

■下階の屋根と上階の外壁（立上り壁面）との関係

2階のプランを考えるときに，平家部分の屋根が登ってくることも考えておきましょう。

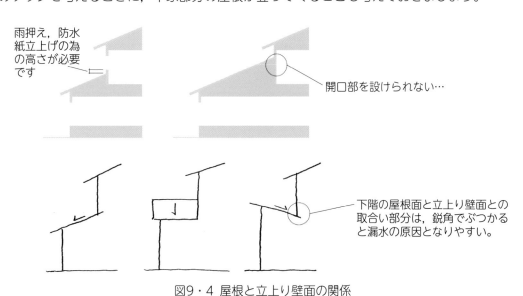

図9・4 屋根と立上り壁面の関係

9-3 屋根の仕上げと必要な勾配

■屋根の仕上げと必要な勾配

　屋根の勾配は，屋根の仕上げ（屋根葺き材）と関係があります。雨仕舞を考慮した屋根葺き材の重ね方，重ね代に応じて，必要な勾配が異なります。

　代表的な屋根の仕上げと標準的な勾配の関係は下図の通りです。

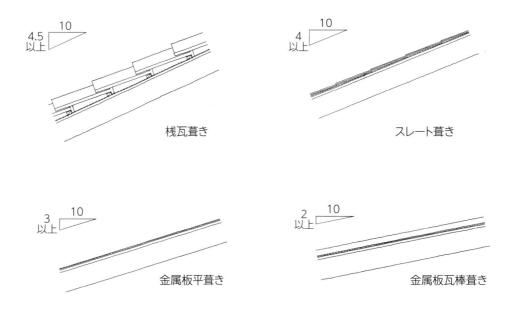

桟瓦葺き　　　　　　　　　スレート葺き

金属板平葺き　　　　　　　金属板瓦棒葺き

※屋根勾配は水平距離1尺(10寸)に対する登り高さで表します。

例：登り高さ3寸5分の場合

図中の表記	分数の表記	呼び方
3.5 ⟋ 10	$\dfrac{3.5}{10}$	3寸5分勾配

図9・5　屋根の仕上げと勾配

　建築物の架構には，主体構造の材料により，木造，鉄骨造，鉄筋コンクリート造などがあり，さらにそれぞれ架構の構成方法により沢山の架構形式に分かれます。

　日本の住宅建築は，現在においても，木造による架構が多く採用されています。木造による架構には，柱と梁や桁などの横架材によって構成される軸組を主体とした在来構法（在来軸組工法）のほか，枠組に合板を釘で打ち付けた壁体と床で構成される2×4構法や，木材を横向きにして積み上げた壁体による丸太組構法（ログハウスともいわれる）などがあります。

　現在の日本における木造住宅では，在来構法と2×4構法の2つが主流です。

　在来構法は，古くから日本の風土，生活に根ざして発展してきた伝統構法をもとに，戦後復興期に新たに制定された建築基準法（1950年制定）に適合する住宅を大量に供給する目的で，生産性向上などが図られた構法です。

　2×4構法は，19世紀に北米で発展した構法であり，日本では輸入住宅の2×4構法の技術基準が1974年に制定され，枠組壁工法という名で本格的に導入されました。

　住宅の設計を学ぶとき，現行の在来構法の源流である木造の伝統構法，伝統建築についても是非勉強してみてください。

「日本の伝統建築の構法 ―柔軟性と寿命―」
内田祥哉　市ヶ谷出版社

　建築構法の権威者が日本の伝統建築の魅力と保存への想いをまとめた名著。

　現代の日本の木造建築が大工技術と内外の森林資源に支えられてきた特殊な状況の中で育まれてきたこと，社会の変遷に応じて，増改築を自由に操れる構法であることなどが説明されている。

　日本建築の構法についての総論が書かれている参考書としても一度は目を通しておきたい一冊といえる。

10章

設計を整える2（架構を考える）

間取りと形（屋根）が決まったら，それが成り立つ架構を検討しましょう。

実際の設計では，
間取りを考える時に架構の形式を念頭において進めているのです。

それには知識や経験も必要で，一日にしてはなりません。

ここでは基本的な架構と構造の知識を学びましょう。

N邸：上棟時，工事中の写真

10-1 架構を考える（鉛直力を支持する）

上部の重量を支え，床を水平に保つよう架構を計画します。

木材の定尺長さは，柱で3m，6m，横架材で4m，5m，6m。木構造で6mスパンは可能？

木材はクリープする材料です。木構造では大きなスパンを計画しないようにします。

■在来軸組工法の床組

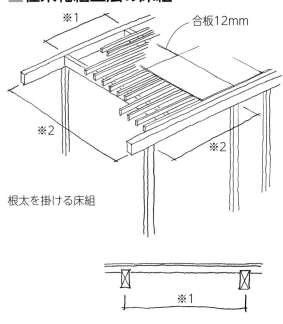

合板12mm

※1

※2

※2

根太を掛ける床組

横架材の間隔（※1）≦1,820mm
（根太の支点間距離）
根太45×105の場合

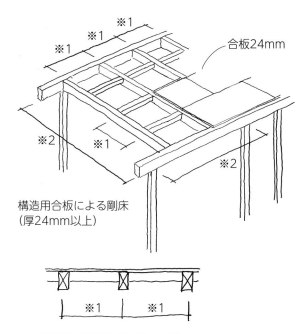

合板24mm

※1

※1

※2

※1

※2

構造用合板による剛床
（厚24mm以上）

横架材の間隔（※1）＝910mm

図10・1 在来軸組工法の床組

■横架材の支点間距離（※2）と断面寸法

横架材の断面寸法

　幅＝120mm（または105mm）

　せい＝横架材の支点間距離（※2）の1/12～1/15

継手は支点近傍（150mm持出し）に設けます。ゆえに横架材の支点間距離は材長以下となります。

材長は定尺長さから継手・仕口の刻み代を差し引いた長さになります。

　定尺4m材　⇒　材長3,640mm

　定尺5m材　⇒　材長4,550mm

　定尺6m材　⇒　材長5,460mm

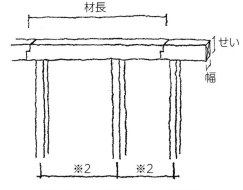

材長

せい

幅

※2　　※2

図10・2 横架材の支点間距離

上階の床を支える横架材の支点間距離（※2）は，たわみを考慮すれば，4m（3,640mm～4,550mm）以内とするのが適切です。

　⇒　下階の柱（軸組）の間隔の限度が4m程度　⇒　下階の室の短辺の長さの限度が4m程度

■軸組（柱・壁）の直下率

変形

図10・3

上階の軸組の直下に下階の軸組がない場合，床組横架材のたわみが増大し，床の不陸の原因となります。

（断面寸法の大きな材を用いても，木材のクリープにより変形は増大する…）

$$直下率 = \frac{下階の軸組で支持される上階の軸組の量^{※}}{上階の軸組の量^{※}}$$

※軸組の量：壁の長さ・柱の本数

直下率がなるべく高くなるようにします。

⇒ 上下階のプランは別々に考えず，直下率を考慮して同時に考えます。

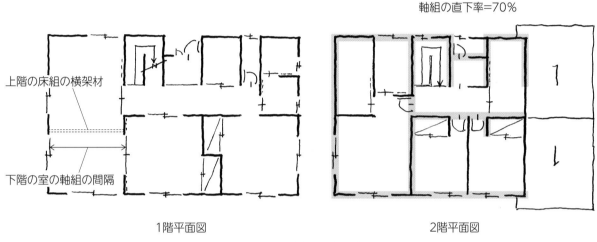

■ 直下の軸組に支持される部分
軸組の直下率＝70％

上階の床組の横架材

下階の室の軸組の間隔

1階平面図　　　　　　　　　2階平面図

図10・4 軸組の直下率

■耐力壁の直下率は100％に！

　上階の耐力壁は，直下に耐力壁がない場合（下図Aの状態），耐力壁が転倒し水平力に十分に抵抗することができません。　⇒　上階の耐力壁が配置できるよう下階のプランを考えます。

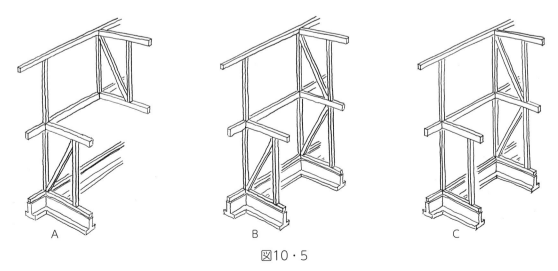

A　　　　　　　　B　　　　　　　　C

図10・5

　1階の耐力壁は，直下に基礎があるため転倒しません（基礎にアンカーボルトで緊結し，引き抜かれないようにします）。耐力壁が有効に働くためには，直下が直下階の耐力壁もしくは基礎である必要があります。BとCはどちらも適切です。

10-2 架構を考える（水平力に抵抗する）

■水平力に抵抗する

架構には，地震や台風による水平力に抵抗する役割もあります。木構造では，耐力壁の配置と床組・小屋組の水平剛性を考えることが重要です。

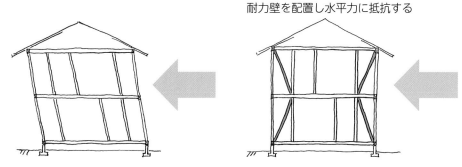

耐力壁を配置し水平力に抵抗する

図10・6 水平力に抵抗する

耐力壁は，水平力（風圧力・地震力）に抵抗するために必要な量と，ねじれないためのバランスが必要です。

耐力壁＝水平力に対して有効な軸組（筋かいまたは面材等で補強された壁）

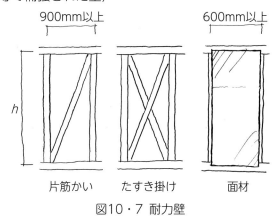

　900mm以上　　　600mm以上

片筋かい　　　たすき掛け　　　面材

図10・7 耐力壁

耐力壁の高さh

・筋かい耐力壁の場合　　・面材耐力壁の場合
　幅の3.5倍以下　　　　　幅の5倍以下

耐力壁の壁倍率 は
＝
耐力壁の仕様による強度の違いを表す数値です。
（例）30×90の片筋かいの場合　　壁倍率は1.5
　　　90×90のたすき掛けの場合　壁倍率は5.0
　　　厚さ9.5mmの合板面材の場合　壁倍率は2.5

■必要な耐力壁の量

各方向について，存在壁量 ≧ 必要壁量となるようにします。

存在壁量　＝　耐力壁の長さ　×　壁倍率
　（例）30×90の片筋かいを設けた長さ910mmの耐力壁の存在壁量
　　910mm×1.5＝1,365mm

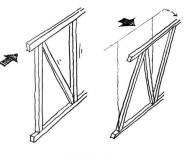

図10・8

必要壁量　＝　$\begin{cases} 風圧力に対して必要な壁量　＝　見付面積　×　建築基準法による係数 \\ 地震力に対して必要な壁量　＝　床面積　×　建築基準法による係数 \end{cases}$

耐力壁であっても面外の水平力には抵抗できません。桁行方向及び梁間方向について，それぞれ水平力に抵抗するために必要となる量（必要壁量）以上の耐力壁を配置します。

■耐力壁のバランス

側端部分について，存在壁量とそのバランスを考慮します。

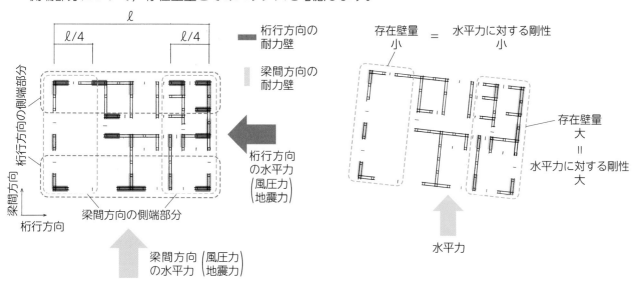

図10・9 耐力壁のバランス

同一の壁倍率で上図のような耐力壁配置とした場合，梁間方向について，左側の側端部分が右側に比べて著しく存在壁量が少ないです。側端部分での剛性がアンバランスとなり，建物がねじれる恐れがあります。

耐力壁配置のバランスについては，以下のいずれかの方法で確認します。

・「四分割法」による充足率と壁率比の計算
・「偏心率」の計算

住宅の居室は採光面積を確保する必要があるため，採光が確保できる側に並んで配置され，外壁に大きな開口を設けることになりがちです。結果的に，居室が配置された側には，耐力壁を設けにくくなります。プランを練っている段階から，耐力壁配置も気にしておく必要があります。

■水平構面の面内剛性

耐力壁が有効に働くために，水平力により床組が変形しないようにします。

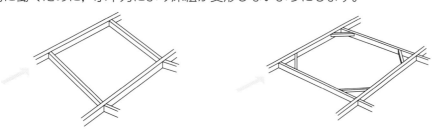

図10・10 水平構面の面内剛性

根太を設ける床組の場合は，火打梁を配置します。（剛床とし，横架材間隔，釘打ち間隔が適切な場合は火打梁を省略可）
火打梁の配置の目安は，火打梁1本あたりの負担床面積 ＝ 2.5～3.3m² とします。

階段・EVの竪穴部分，吹抜け部分は，床組をしないので，水平構面の面内剛性が低下します。特に外壁に面した大きな吹抜け部分では，面内剛性が著しく低下するので化粧梁・化粧火打を設ける等で補強します。

10-3 架構とプランの関係(RCラーメン構造の場合)

■RCラーメン構造

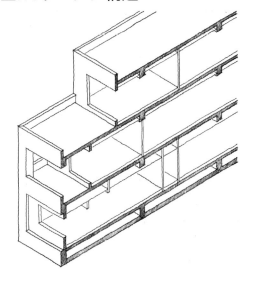

ラーメン構造は，スラブ（床・屋根）と，それを支持する梁・柱のラーメンフレームで構成されます。

木造の軸組構法では，壁（軸組）が重要な構造要素でしたが，ラーメン構造においては，構造的には壁が無くても成立します。

耐火・防水のため，通常外壁はRC造の壁としますが，防火区画等でない限り，間仕切壁は全て帳壁（非耐力壁）として設計できます。

外壁・間仕切壁ともにラーメン架構の位置に拘束されず，自由に配置することができます。

■部材の寸法

各部材の断面寸法は，鉄筋量やコンクリート強度により異なりますが，設計時には，以下を目安に考えると良いでしょう。

柱幅 ················· 負担するスラブ面積による

$6m×6m＝36m^2$で600mm，$7m×7m＝49m^2$で700mm

梁せい ············· スパンの1/10程度　　　　6mスパンで600mm，7mスパンで700mm

梁幅 ··············· 梁せいの2/3程度　　　　　　　　梁せい600mmのとき梁幅400mm

スラブ厚 ··········· 200mm程度

壁厚 ··············· 外壁（RC壁）の場合，仕上げ込みで200mm〜250mm程度

間仕切壁（LGS下地に石こうボード）の場合，

仕上げ込みで100mm〜150mm程度

■柱心，梁心，壁心

ラーメン構造では，各部材の厚さがそれぞれ異なるため，外壁部分では，各部材の心の位置によって見え方が変わります。

A) 各部材心を全て一致させたもの

　　構造としては理想的，面積計算もしやすい

　　柱型・梁型が外面に現れる

B) 外面を全て一致させたもの

　　柱型・梁型が外面に現れない

　　一般的

C) 柱・梁の外面，梁・壁の内面を一致させたもの

　　外壁内面に梁型が現れない

　　外壁に沿った屋内階段を設計しやすい

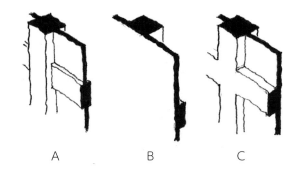

A　　　　B　　　　C

■竪穴部分と梁の関係

壁の配置が自由なラーメン構造ですが，竪穴部分（階段室，エレベーターシャフト等）は梁に干渉しないように配置しなければなりません。

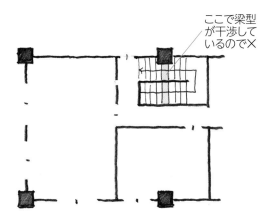

ここで梁型が干渉しているので×

■天井の高さと梁下の高さ

階高に対して梁せいが大きいときには，梁下の高さが低くなります。天井の高さが梁底より上にくる場合，設備配管は天井内で梁下をくぐれません。（スリーブ貫通することになります。）

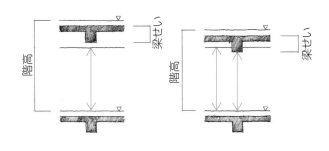

■柱割（スパン）

柱割は6m×6m（A）または7m×7m（B）が一般的です。

正方形でなくてもよいので，Cのようなスパンも使われます。

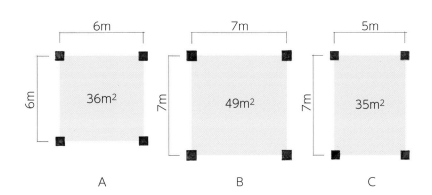

A　　　　　　B　　　　　　C

柱割は，なるべく均等になるように設計しましょう。

極端に不均等な柱配置は，各柱の負担する力も不均等となります。

短スパンの梁はせん断破壊しやすくなってしまします。

2m程度であれば，無理な短スパンを計画せずに，片持ち梁でスラブを支持する計画とするほうがよいでしょう。

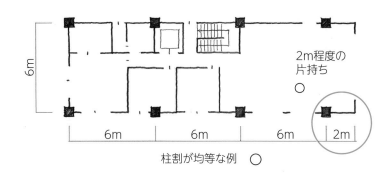

2m程度の片持ち

柱割が均等な例　○

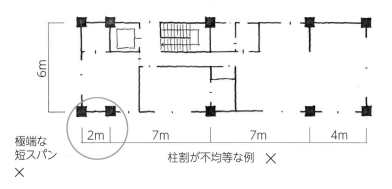

極端な短スパン×

柱割が不均等な例　×

11章

設計を整える3
（細部を検討し全体をまとめる）

そろそろ仕上げの段階です。

ディテールの検討は住宅設計の醍醐味をさらに飛躍させます。

「ちりが10mm」？

「金物で見切る」？

建築の寸法の単位はミリメートル。

仕上げ・仕様と細部の納まり・寸法も検討して，建物全体の設計を整えましょう。

U邸：吹抜け

11-1 仕上げを選ぶ

　仕上げの質感や色合いによって，建物の外観の雰囲気や内部空間の印象は大きく変わります。室の用途，メンテナンス，気候，防火関係規定などもあわせて慎重に検討しましょう。

屋根の仕上げ（屋根葺き）

○桟瓦葺き

○スレート葺き

○金属板平葺き

○金属板瓦棒葺き

外壁の仕上げ

○サイディング

○左官

○タイル

○ガルバリウム鋼板

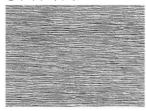
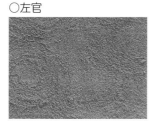

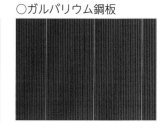

内壁の仕上げ

○クロス（壁紙）

○左官

○塗装

○羽目板

○タイル

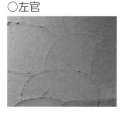

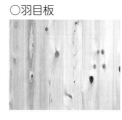
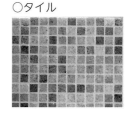

天井の仕上げ

○クロス

○左官

○竿縁天井

○打上げ天井

○化粧繊維板

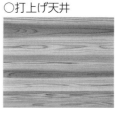
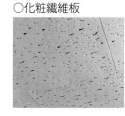

床の仕上げ

○フローリング

○カーペット

○畳

○ビニル床シート/ビニル床タイル

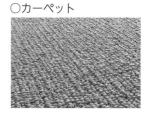
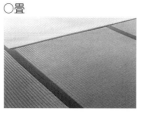
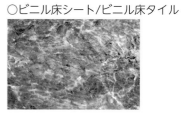

○タイル（土間）

○石（土間）

○モルタル/塗床（土間）

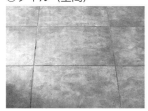
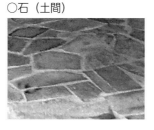

11-2 防水・通気・断熱・防湿

外気に接する部分には断熱層を設けます。断熱層は吸湿すると断熱性能が下がるため，屋内からの湿気の流入を防ぎ，通気層を設けて湿気を逃がすようにします。

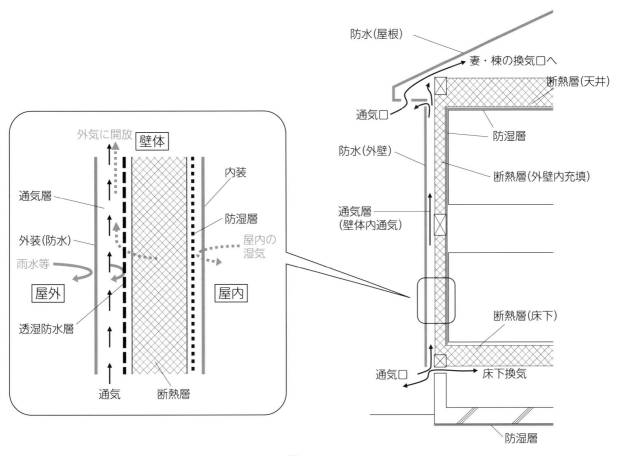

図11・1

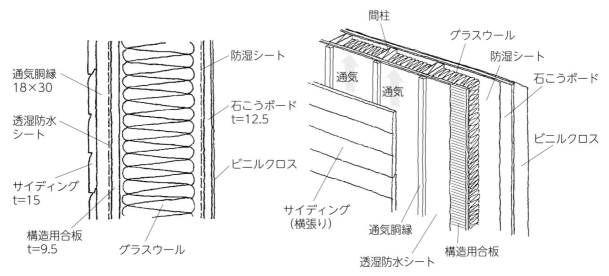

図11・2 外壁の構成

11-3 各部の寸法・納まりを考える

建物のおおよその形が定まり，仕上げについても検討したら，1/10程度のスケールで各部の寸法，納まりを検討しましょう。仕上げの種類や仕様によって，必要な寸法が異なります。基本的な寸法と納まりを知り，普段の生活においても目に入る建築物のディティールを観察するようにしておくと勉強になります。特に二つの部位が出会う取合い部分には，いろいろな納め方があることに気付きます。

■開口部の納まり

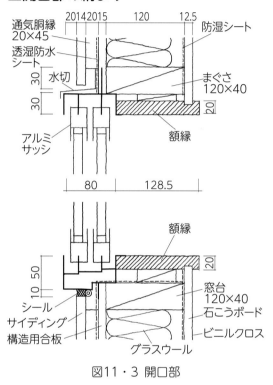

図11・3 開口部

■天井と壁の取合い部分

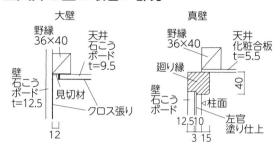

図11・4 天井と壁の取合い部分

■天井と壁の取合い部分

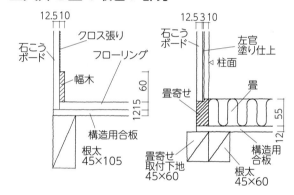

図11・5 天井と壁の取合い部分

■軒先・軒裏の納まり

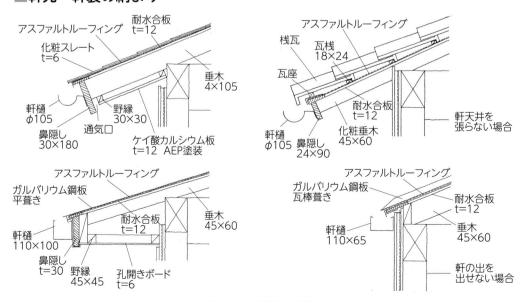

図11・6 軒先・軒裏

11-4 矩計図で建物の寸法を検討する(木造2階建て)

　平面設計，断面設計による空間の寸法と架構・設備の寸法，仕上げや納まりに必要な寸法を総合して検討してみましょう。1/20程度の矩計図を描いて考えてみるとよくわかります。

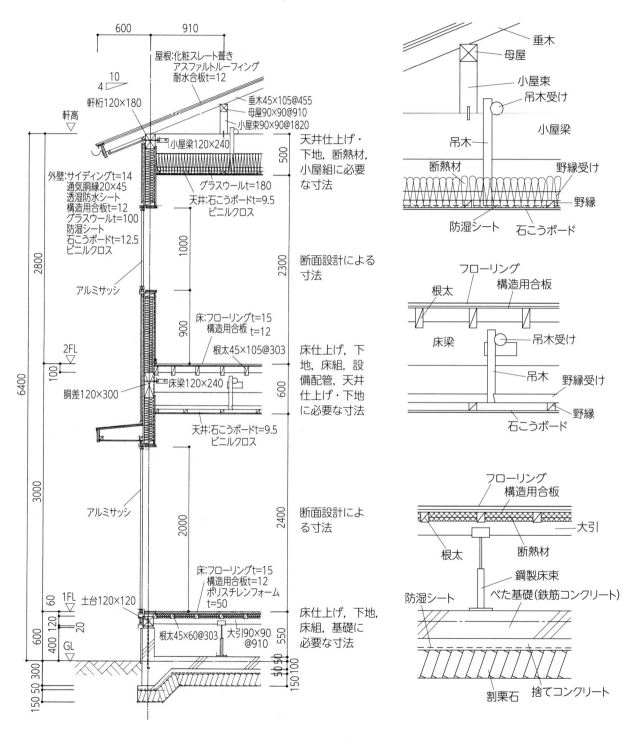

図11・7 矩計図

　基礎の形式は敷地の地耐力により決定します。基礎の各部の寸法は，建築基準法等により最低寸法が定められています。

11-5 矩計図で建物の寸法を検討する（RCラーメン3階建て）

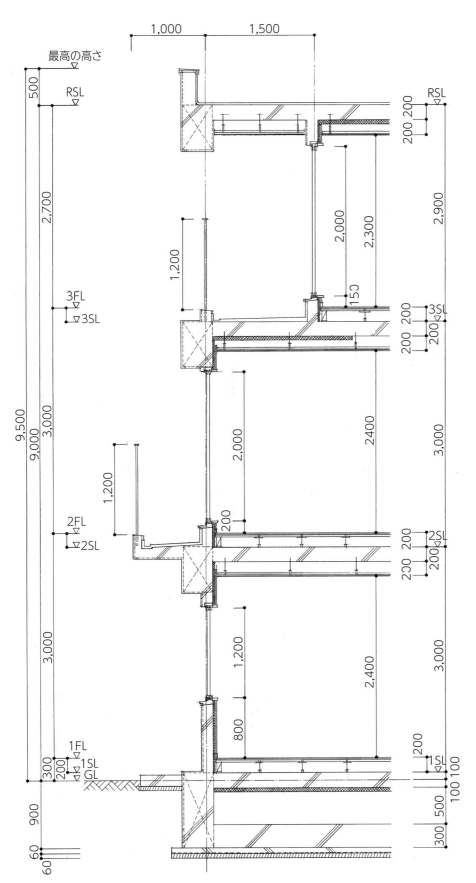

鉄筋コンクリートラーメン構造の3階建てを、二級建築士設計製図試験において出題される軒の高さ（RSL）9m以下で設計した例です。

　天井のふところ、梁下の高さに余裕がありません。
　建物の高さの制限と屋内空間、設備空間の高さ・寸法が関係していることがわかります。

　建物の高さ制限で階高を高くできない場合は、プランの自由度は減りますが、壁式RC造で直天井とすることで天井高を確保することもできます。

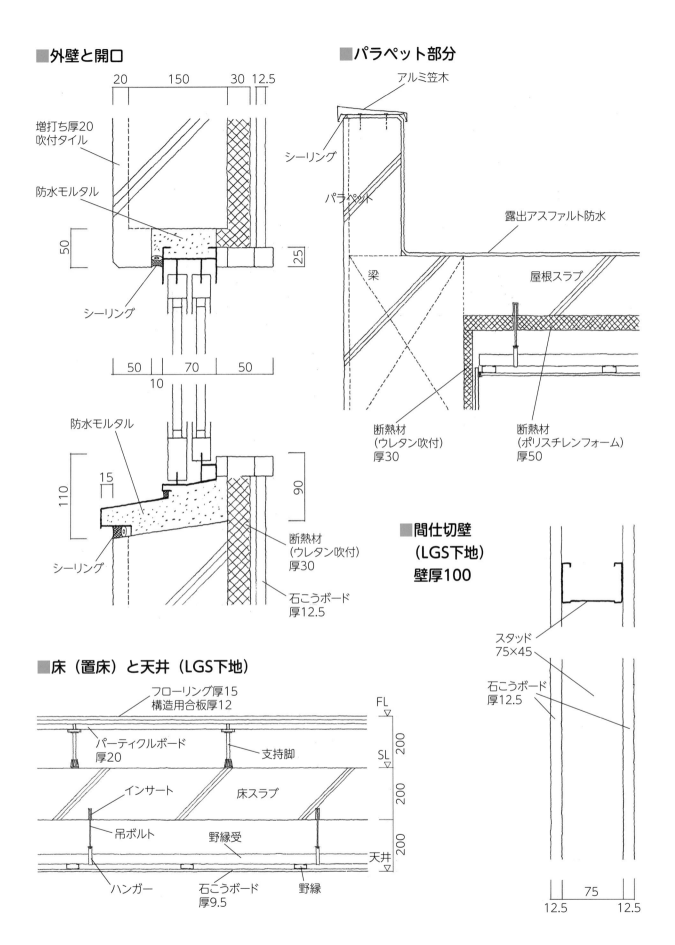

■外壁と開口

20　　150　　30　12.5

増打ち厚20
吹付タイル

防水モルタル

50

シーリング

25

50　　70　　50
10

防水モルタル

110

15

シーリング

90

断熱材
（ウレタン吹付）
厚30

石こうボード
厚12.5

■パラペット部分

アルミ笠木

シーリング

パラペット

梁

露出アスファルト防水

屋根スラブ

断熱材
（ウレタン吹付）
厚30

断熱材
（ポリスチレンフォーム）
厚50

■間仕切壁
　（LGS下地）
　壁厚100

スタッド
75×45

石こうボード
厚12.5

75
12.5　　12.5

■床（置床）と天井（LGS下地）

フローリング厚15
構造用合板厚12

FL

パーティクルボード
厚20

支持脚

SL

200

インサート

床スラブ

200

吊ボルト

野縁受

200

天井

ハンガー

石こうボード
厚9.5

野縁

12章
設計を伝える

いくら良い設計内容でも，相手に伝わらなければそれは実現しません。

学生であれば，講評会での図面パネルや模型，そしてコンセプチュアルボード，

実務者であれば，建築主への提案図面，模型，CG図，
そしてマテリアルボードなどがあげられます。

展示の様子

12-1 図面の役割

■考えるための図面・つくるための図面・見せるための図面

　図面は，設計内容を伝える主要な手段です。住宅を建てることは建築主，設計者，施工者の共同作業であり，図面は，三者間での意思疎通をはかるコミュニケーション手段となります。その図面には，目的や相手，使われ方に応じて，「考えるための図面」「見せるための図面」「つくるための図面」があります。

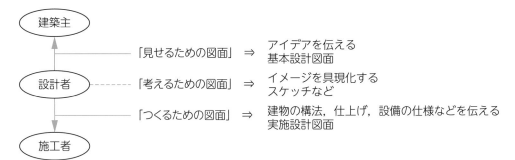

図12・1　図面の種類

「考えるための図面」

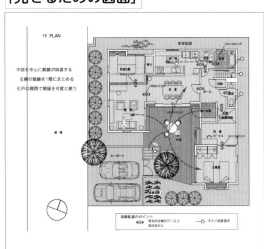

「つくるための図面」

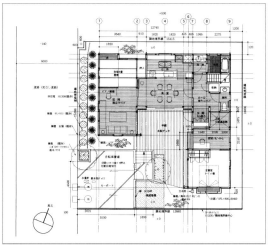

「見せるための図面」

パース

模　型

図12・2　ひとつの住宅の様々な図面と表現

■伝える内容

1. タイトル

　設計の特徴や主旨・テーマにした内容をまず端的な言葉であるタイトルで表し，設計内容の説明を始めることが多いです。聞く側はタイトルからその住宅をイメージします。

　タイトルは的確でわかりやすい言葉が良く，設計内容と合っている必要があります。

2. コンセプト

　建築主は，まだ見ぬ住宅に夢を持っています。その夢に応えることが住宅設計の最も大切なことと言っても過言ではありません。

　建築主の望む暮らしの要望から発展させ，設計者として，その住宅にどのようなイメージを描いて設計したのか，それをまとめたものがコンセプトです。

　コンセプトは，言葉や概念図を用いて伝えます。

3. 設計趣旨

　建築主の夢にどのように応えるのか，暮らしに合ったプランニングであるのか，敷地条件や様々な事項に対してどのように解決し整合させているのかを明確に伝える必要があります。

　住宅全体のあるいは詳細部について，言葉だけでなく図面や模型など様々な手段で説明することになります。ポイントは分かりやすいこと，そして丁寧できちんと伝わることです。

資料提供：菊井悠央

図12・3　プレゼンテーションボードの例

12-2 プレゼンテーション

　プレゼンテーションとは，あなたがイメージし，苦心しながらまとめあげて設計した住宅を，ほかの人に伝えることです。学生にとっては講評会，設計者にとっては施主への提案などになりますが，プレゼンテーションは，プロジェクトのその後を左右しますから非常に重要な場と言えます。

　そして大切なのは，まだ出来上がっていない住宅を，相手にいかに興味を抱かせ，より的確に，リアルにその内容を伝えられるかになります。

■伝えるための訓練とプレゼンテーション

　エスキースの段階から，また日常的に自分のエスキースや考えを，友人や先生にぶつけてディスカッションすること，エスキースのチェックを受けて何度も繰り返し修正すること，間違いに気づき改めること，この繰り返しの作業（スタディ）があなたのプレゼンテーション能力を高めることにつながります。

　次ページのプレゼンシートは，実際に施主に対して説明する際に用いられたプレゼンテーションシートです。設計者の考えてきたこと，発想，計画の面白さをくまなく伝え，熱意が感じられます。

エスキースの様子

講評会の様子

ダブルテラスの家！～屋内と屋外が心地良く繋がる住まい～　間取り計画案　1

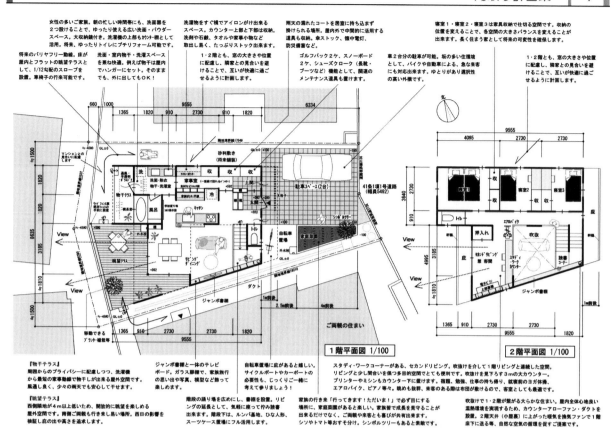

女性の多いご家族。朝の忙しい時間帯にも、洗面器を２つ設けることで、ゆったり使える広い洗面・パウダースペース。大収納鏡付き。洗濯機の上部もｶｳﾝﾀｰ棚として活用。将来、ゆったりトイレにプチリフォーム可能です。

洗濯物をすぐ横でアイロンがけ出来るスペース。カウンター上部と下部は収納。洗剤や石鹸、タオルや家事小物など取出し易く、たっぷりストック出来ます。

雨天の濡れたコートを居室に持ち込まず掛けられる場所。屋内外で中間的に活用する道具も収納。傘ストック、懐中電灯、防災備蓄など。

寝室１・寝室２・寝室３は家具収納で仕切る空間です。収納の位置を変えることで、各空間の大きさバランスを変えることが出来ます。長く住まう家として将来の可変性を確保します。

将来のバリヤフリー動線。床が屋内とフラットの眺望テラスとして、1/12勾配のスロープを設置。車椅子の行来可能です。

洗面・室内物干・洗濯スペースを兼ね快適。例えば物干は屋内でハンガーにセット。そのままでも、外に出してもＯＫ！

1･2階とも、窓の大きさや位置に配慮し、隣家との見合いを避けることで、互いが快適に過ごせるように計画します。

ゴルフバック２ケ、スノーボード２ケ、シューズクローク（長靴・ブーツなど）機能として、関連のメンテナンス道具も置けます。

車２台分の駐車が可能。坂の多い住環境として、バイクや自動車による、急な来客にも対応出来ます。ゆとりがあり選択性の高い外構です。

1･2階とも、窓の大きさや位置に配慮し、隣家との見合いを避けることで、互いが快適に過ごせるように計画します。

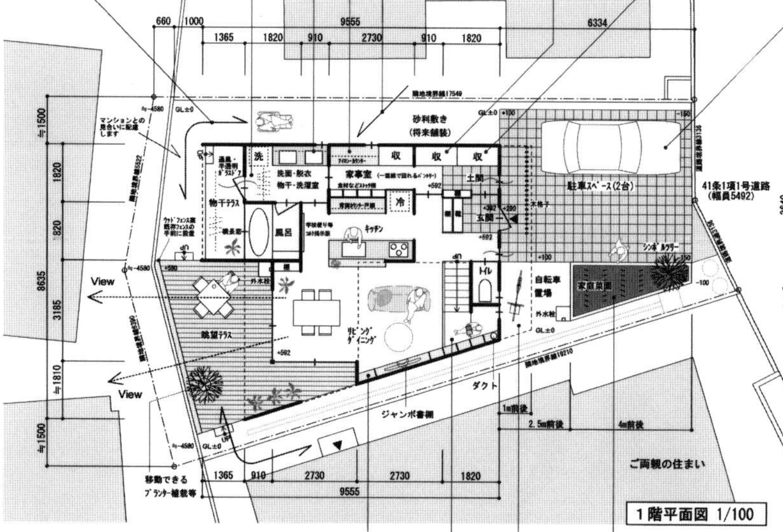

1階平面図 1/100

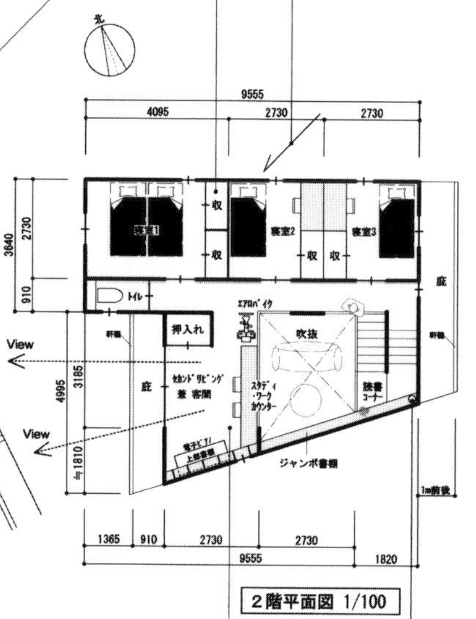

2階平面図 1/100

『物干テラス』
周囲からのプライバシーに配慮しつつ、洗濯機から最短の家事動線で物干しが出来る屋外空間です。風通し良く、少々の雨天でも安心して干せます。

『眺望テラス』
西側隣地が４ｍ以上低いため、開放的に眺望を楽しめる屋外空間です。南側ご両親も行き来し易い場所。西日の影響を検証し庇の出や高さを追求します。

ジャンボ書棚と一体のテレビボード。ガラス扉棚で、家族旅行の思い出や写真、模型など飾って楽しめます。

階段の踊り場を広めにし、書棚を設置。リビングの延長として、気軽に座って佇み読書出来ます。階段下は、ルンバ基地、ひな人形、スーツケース置場にフル活用します。

自転車置場に庇があると嬉しい。サイクルポートやカーポートの必要性も、じっくりご一緒に考えて参りましょう！

家族の行き来「行ってきます！ただいま！」で必ず目にする場所に、家庭菜園があると楽しい。家族皆で成長を見守ることが出来るだけでなく、ご両親や来客とも喜びが共有出来ます。シソやトマト等おすそ分け。シンボルツリーもあると素敵です。

スタディ･ワークコーナーがある、セカンドリビング。吹抜けを介して１階リビングと連続した空間。リビングと少し間合いを保つ多目的空間でとても便利です。吹抜けを見下ろす３ｍの大カウンター。プリンターやミシンもカウンター下に置けます。宿題、勉強、仕事の持ち帰り、就寝前のヨガ体操、エアロバイク、ピアノ等々。眺めも抜群、来客のある際は布団が敷けるので、客室としても最適です。

吹抜けで１･２階が繋がる大らかな住まい。屋内全体心地良い温熱環境を実現するため、カウンターアローファン・ダクトを設置。２階天井（小屋裏）に上がった暖気を換気ファンで１階床下に送る等、自然な空気の循環を促すご提案です。

ダブルテラスの家！～屋内と屋外が心地良く繋がる住まい～　是非ご一緒に考えて参りましょう！　2

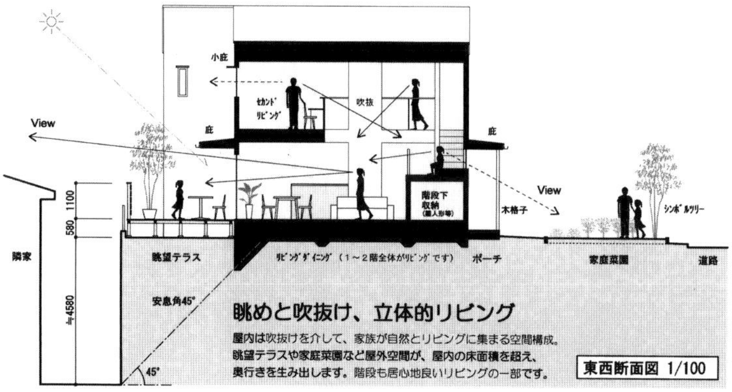

眺めと吹抜け、立体的リビング

屋内は吹抜けを介して、家族が自然とリビングに集まる空間構成。眺望テラスや家庭菜園など屋外空間が、屋内の床面積を超え、奥行きを生み出します。階段も居心地良いリビングの一部です。

東西断面図 1/100

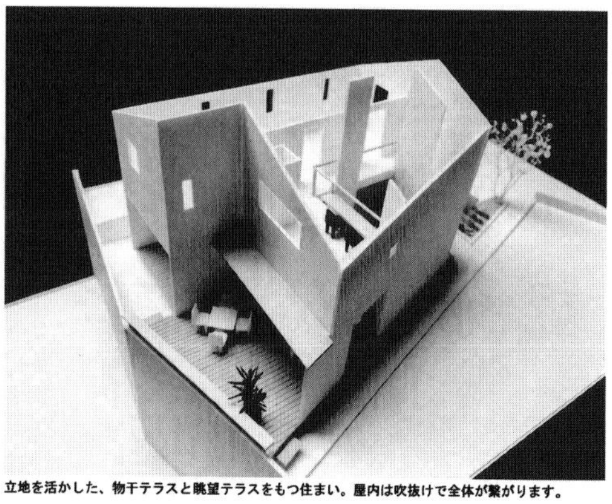

立地を活かした、物干テラスと眺望テラスをもつ住まい。屋内は吹抜けで全体が繋がります。

◆建築概要
- 建設地　：横浜市戸塚区
- 主要構造：木造在来工法
- 敷地面積：　167.48㎡
- 建築面積：　65.31㎡（庇含めず）
- 延床面積：　104.40㎡
  - 1階面積：　52.91㎡
  - 2階面積：　51.49㎡
  - 合計：　104.40㎡

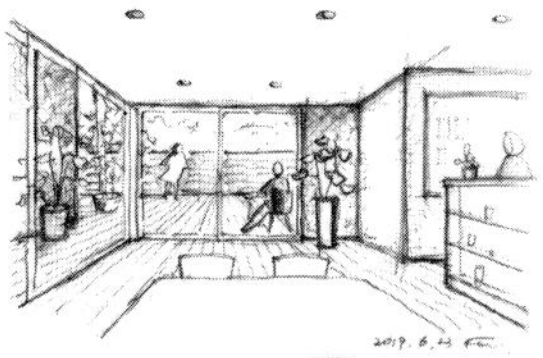

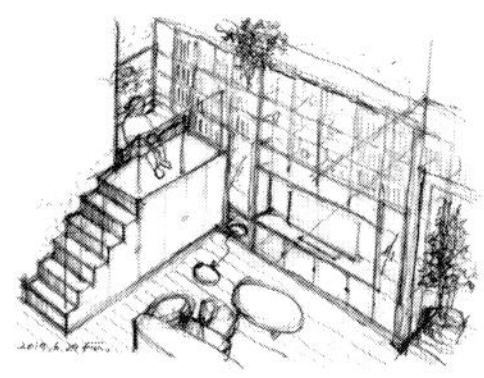

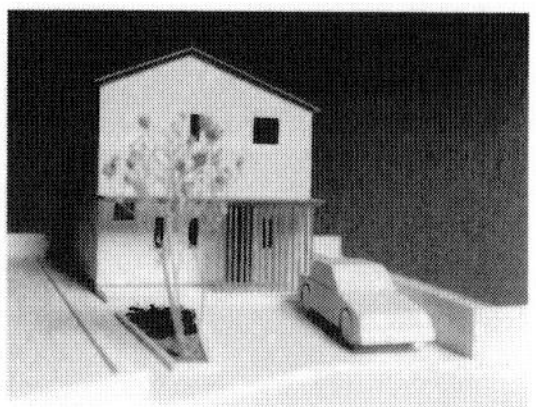

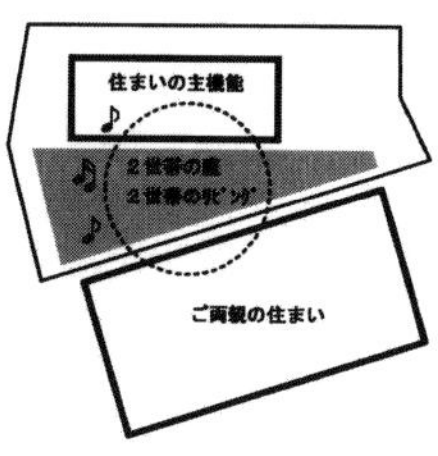

真ん中が、にぎわいリビング

家族が集まってくるリビングは、ご両親の住まいとの間で見守られる位置にある、真ん中が良いと考えました。周囲からの間合いで守られ、気兼ねなく過ごせます。

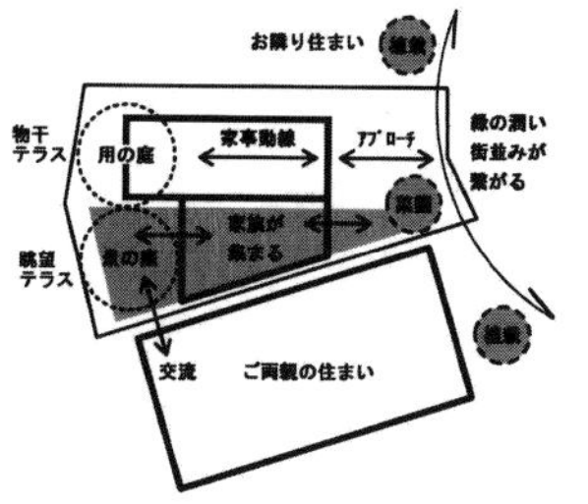

ダブルテラスは「用と景」の庭

プライバシーを確保した機能的な「物干しテラス」。ご両親と自然な交流もできる「眺望テラス」。２つのテラスが住まいを支えます。道路側「家庭菜園」は街並みにも優しいです。

資料提供：古川都市建築計画一級建築士事務所

13章

現代の住宅事例

実際に建てられた住宅を見てみましょう！

たくさんの工夫やアイデアが詰めこまれている住宅設計の事例を
全国から集めてみました。

I邸：リビングとダイニングのつながり

13-1 全国 住宅事例 QRコード

　あなたの住む地域にも素晴らしい住宅が建てられています。ここでは新築に限らず，改修事例や店舗併用の住宅も含まれています。地域性に対してどのように考え，様々な生活習慣を具体的にどう間取りにしているか，読み取ってみてください。

　実際にモデルハウスやショールームなど用意・公開している地元の会社もたくさんありますので見学に訪ねてみるのも良いでしょう。図面で見ているのと実際に体験することではだいぶ違うことが多いです。空間体験を重ねることで，より住宅設計の魅力を感じることができるはずです。

　掲載事例は今後，話題の住宅，コンテスト等で表彰された住宅，先駆的な事例などを随時更新していく予定です。

住宅設計の今が見れます。

石原町の家

住宅街の南向きの土地に建つ4人家族の家。
南側に住宅があるめ2階を一部吹抜として
1階に光と日射熱を届けるようにした。又
超高性能＋温熱環境を設計することで冬の
暖房エネルギーは最小限に抑えられた。
更に一部温水式床暖房を採用することで体
感温度を上げ、冬場のエアコンはほとんど
必要ない。
構造は上下階の壁線を揃えることで単純な
構造とし許容応力度計算による耐震等級3
を実現。南側の窓には国産の木製サッシを
取り入れ自然の風合いとし庭とのつながり
を大切にした。居心地の良い住まいである。

外観庭側

模型

南立面図

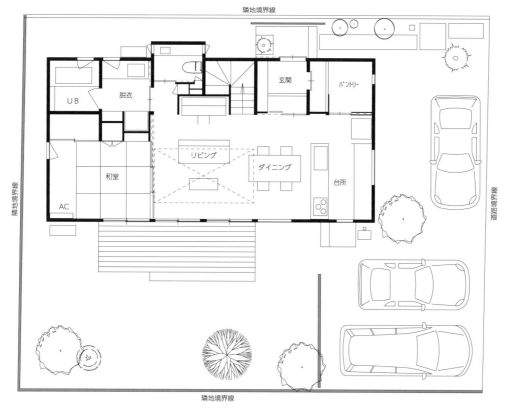
1階平面図

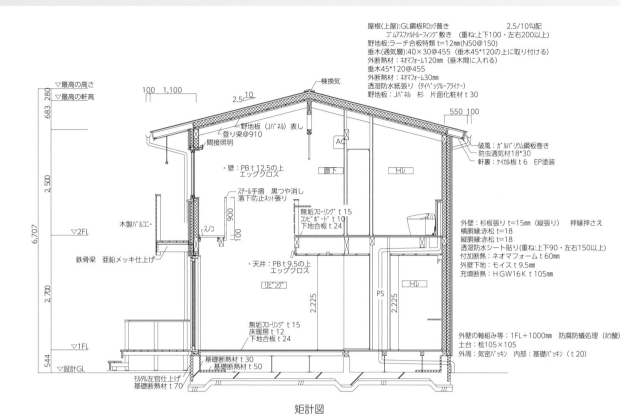

屋根(上屋):GL鋼板Rロック葺き　　　　　2.5/10勾配
　ゴムアスファルトルーフィング敷き　（重ね:上下100・左右200以上）
野地板:ラーチ合板特類 t=12mm(N50@150)
垂木(通気層):40×30@455（垂木45*120の上に取り付ける）
外断熱材:ネオマフォーム120mm（垂木間に入れる）
垂木45*120@455
外断熱材:ネオマフォーム30mm
透湿防水紙張り（タイベックルーフライナー）
野地板:Jパネル 杉 片面化粧材 t30

破風:ガルバリウム鋼板巻き
防虫通気材18*30
軒裏:ケイカル板 t6　EP塗装

△最高の高さ
△最高の軒高

外壁:杉板張り t=15mm（縦張り）　押縁押さえ
横胴縁:赤松 t=18
縦胴縁:赤松 t=18
透湿防水シート貼り（重ね:上下90・左右150以上）
付加断熱:ネオマフォーム t60
外壁下地:モイス t9.5
充填断熱:HGW16K t105mm

野地板（Jパネル）表し
登り梁@910
間接照明

AC
廊下
トイレ

・壁:PB t12.5の上
　エッグクロス

スチール手摺　黒つや消し
落下防止ネット張り

木製バルコニー
スノコ

無垢フローリング t15
コンビボード t10
下地合板 t24

鉄骨梁　亜鉛メッキ仕上げ

△2FL

・天井:PB t9.5の上
　エッグクロス

リビング

PS
トイレ

無垢フローリング t15
床暖房 t12
下地合板 t24

△1FL

外壁の軸組み等:1FL＋1000mm　防腐防蟻処理（ホウ酸）
土台:桧105×105
外周:気密パッキン 内部:基礎パッキン（t 20）

△設計GL

モルタル左官仕上げ
基礎断熱材 t70

基礎断熱材 t30
基礎断熱材 t50

矩計図

外観アプローチ側

南側木製窓

ダイニングキッチン

建築概要

建設地	：埼玉県川越市石原町1丁目
敷地面積	：207.19㎡（62.54坪）
1階床面積	：63.11㎡（19.05坪）
2階床面積	：63.11㎡（19.05坪）吹抜含む
延床面積	：126.22㎡（38.10坪）
構造	：在来軸組木構造2階建て
耐震性能	：許容応力度計算による耐震等級3
断熱性能	：UA値0.3（断熱等級6）　Q値1.0
気密性能	：C値0.2
空調設備	：エアコン2台（夏用1台.冬用1台）
換気設備	：第1種熱交換型換気設備（ダクトレス式）
給湯設備	：エコジョーズ（ガス）
その他設備	：温水式床暖房

・外部仕上
屋根：GL鋼板縦ハゼ葺き
外壁：杉羽目板
窓：樹脂サッシトリプルガラス・木製ペアガラス
・内部仕上
壁・天井：エッグクロス
床：1Fナラ無垢フロア　2F 杉無垢フロア

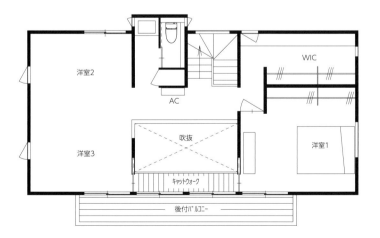

2階平面図

洋室2
AC
WIC
吹抜
洋室1
洋室3
キャットウォーク
後付バルコニー

活彩の家

お子さんの成長に合わせ、家族をゆっくり見守る暮らし。そして、夫婦のそれぞれの趣味や時間を楽しむ暮らしへ
家族皆で料理やお菓子を作ることが出来るよう、キッチンを中心に配置した計画となっています。キッチンに立った時は家族がどこにいるのか気配を感じることができ、キッチンから遠くに目をやると庭の木々が目に飛び込んでくるような計画としています。ガレージから雨に濡れずに帰宅できる大きなポーチ屋根を設けています。将来の家族の変化にも柔軟に対応出来、今後の様々な暮らしを実現するために、いろいろな可能性も取り入れた家づくりとなりました。

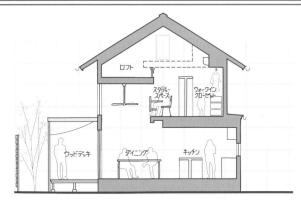

断面図

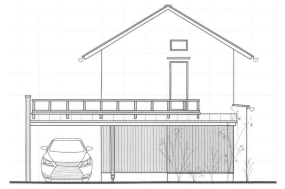

立面図（基本設計時）

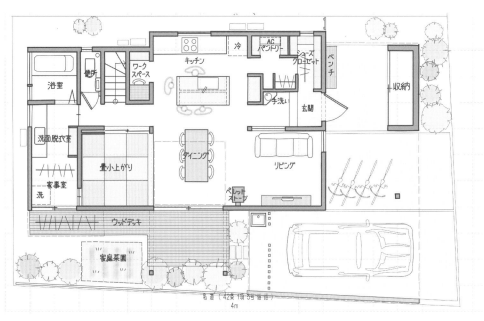

1階平面図

[建築概要]
竣工年　　：2022 年
設計施工：あすなろ建築工房
敷地面積：132.04 ㎡
建築面積：93.70 ㎡
床面積　　：1 階 78.63 ㎡
　　　　　　　　 2 階 53.41 ㎡
延べ面積：119.24 ㎡
小屋裏面積：17.80 ㎡
構造・階数：在来軸組木構造
　　　　　　　　 2 階建て

ダイニング吹抜け

[性能]
耐震性能：許容応力度計算による耐震等級 3
断熱性能：UA 値 0.46
気密性能：C 値 0.5
空調設備：エアコン 3 台
　　　　　　　（夏・冬用各 1 台、寝室個室 1 台）
換気設備：第一種全熱交換換気装置

スタディーコーナー

オーダーキッチン

LDK

そとん壁

こども室

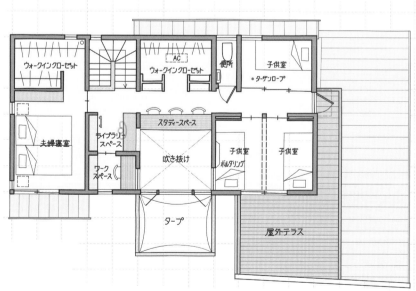

2 階平面図

[内・外部仕様]
屋根：ガルバリウム立平葺き
外装：そとん壁
　　　　一部レッドシダー羽目板
軒天：軒天材白塗装
天井：左官 珪藻土
　壁　：左官 珪藻土
　　　　一部モールテックス塗装
1 階床：オーク材 巾 120
2 階床：あづみの松 巾 120
小屋裏収納床：シナベニヤ
ウッドデッキ：イタウバ
　窓　：樹脂サッシペアガラス
　　　　木製サッシペアガラス

吹抜けをもつ二世代住宅

　世田谷の住宅街の角地に建つ，子供3人の家族とその両親が暮らす二世帯住宅である。車両通行の多い東側道路の遮音性，建物の防火・耐久性を考慮してRCラーメン構造としている。

　2階の中心に設けられた外部空間のような大きな吹抜けを挟んで，東西両側の2，3階に各2世帯住戸の生活の領域を計画している。1階は庭に面した共用浴室と客間・書庫を設け，2世帯の共用スペース。さらに将来の3世帯にも対応可能な水廻り設備も設けている。

　一つの大きな屋根の下で多世帯が一緒に生活していた，かつての日本家屋の姿をイメージしており，緩やかにプライバシーを保つ「現代版の民家」となることを意図している。

北立面図

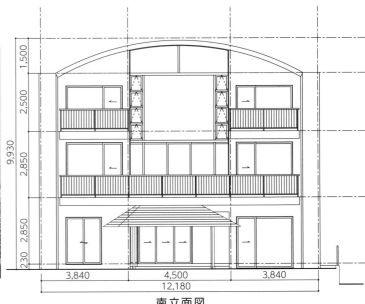

南立面図

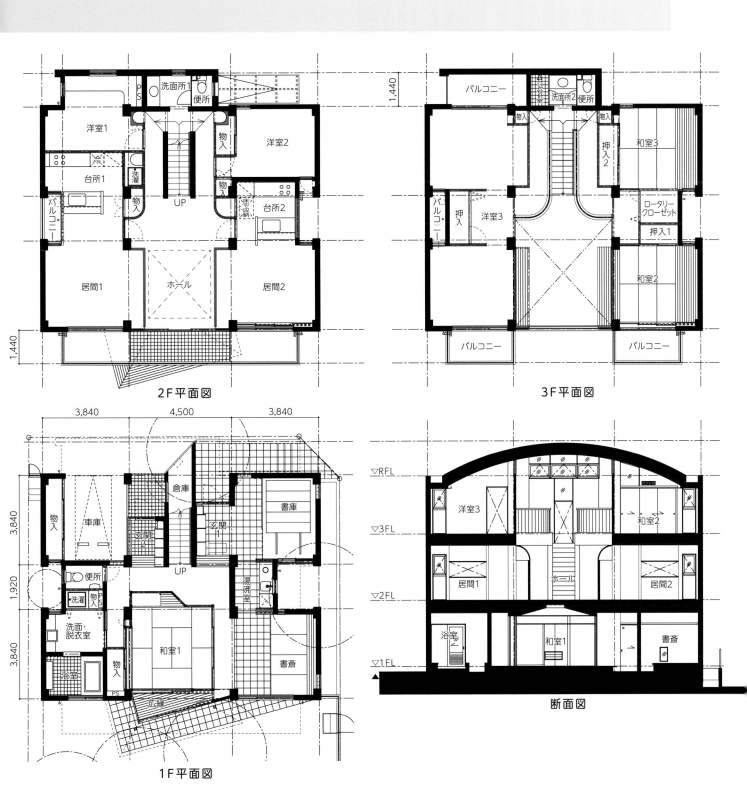

2F平面図

3F平面図

1F平面図

断面図

建築概要
- 施工年 ： 1990 年
- 設計者 ： 計画・設計インテグラ（村井祐二）
- 建設地 ： 東京都世田谷区上用賀 5-1-15
- 敷地面積 ： 233.88 ㎡（70.75 坪）
- 1 階床面積 ： 109.28 ㎡（33.06 坪）
- 2 階床面積 ： 123.06 ㎡（37.23 坪）
- 3 階床面積 ： 94.61 ㎡（28.62 坪）
- 延べ床面積 ： 326.95 ㎡（98.90 坪）

- 構　　造 ： RC ラーメン構造
- 外部仕上げ ： 屋根：亜鉛合金板立ハゼ葺
　　　　　　　　外壁：せっき質タイル張
　　　　　　　　窓　：アルミサッシ，ペアガラス
- 内部仕上げ ： 天井：岩綿吸音板
　　　　　　　　壁　：全面寒冷紗貼 AEP
　　　　　　　　床　：コルクタイル

あ と が き

「変わることと，変わらないこと」

　本書をまとめるにあたって，学生時代に私が学んだ教科書『建築計画・設計シリーズ・住宅Ⅰ』（白濱謙一，冨井正憲 他　1988年　市ヶ谷出版社）を数十年ぶりに読み返してみました。変更の必要を感じさせないページがたくさんあったのは，予想外の驚きでした。

　前版の質の高さに敬意を表すると同時に，「人が住む居場所をつくる」という住宅設計の基本は，いつの時代も変わらないのだと改めて認識させられた次第です。

　一方，私たちを取り巻く社会はずいぶん変わりました。『住宅Ⅰ』の初版が出版された1988年は，すべてが上向きの経済成長最盛期でした。それがいまや真逆の道を歩んでいるのは皆さんご承知のとおりです。経済の衰退のみならず，高齢化，少子化，空き家問題と，問題山積の時代に突入しています。

　ここ数年は，稀に見るパンデミックも経験し，住宅のあり方，住宅と社会のあり方にいっそう注目が集まる時代になりました。これをあえて肯定的に捉えれば，住宅設計に対する期待と関心が今ほど高まっている時代もない，そんなふうにも言えそうです。

　本書の執筆に際し，「教科書とは何か」，「教科書とはどういう使われ方をするのか」といった教科書の核心について，執筆者4人と編修で話し合いを何度ももち，新しい時代に適した新しい形の教科書づくりを目指しました。特に長澤泰先生（東京大学名誉教授），鎌田紀彦先生（室蘭工業大学名誉教授）には本書全般の構成に関して多大なご助言をいただきました。また，本書の企画段階からご助力いただき，製作を粘り強く支えていただいた市ヶ谷出版社の澤崎明治さんにも執筆者を代表して御礼申し上げます。

　また，これまで筆者に住宅の設計を依頼していただいた建主の皆さまにも感謝いたします。住宅設計に関する多くの知見と現在の暮らしの実態を，本書にあますところなく収録できたのは，建主の皆さまとのやり取りから多くのことを学ばせていただいたおかげです。
　あらためて御礼申し上げます。
　ありがとうございました。

　2023年3月　　　　　　　　　　　　　　　　　　　　　　　鈴 木 信 弘

[編著者]
鈴木　信弘（Nobuhiro Suzuki）

1988 年　神奈川大学大学院修士課程　修了
1987 年〜1997 年　東京工業大学　助手
1994 年〜　　　　鈴木アトリエ１級建築士事務所
現　在　神奈川大学建築学部　教授，１級建築士

[著　者]
戸髙　太郎（Taro Todaka）

1996 年　京都工芸繊維大学大学院 工芸科学研究科 博士前期課程　修了
1999 年〜2018 年　京都建築大学校　専任教師
2015 年〜　京都美術工芸大学　建築士講座　担当講師
2018 年〜現在　京都美術工芸大学建築学部　教授

岸野　浩太（Kouta Kishino）

1997 年　日本大学工学部建築学科　卒業
1997 年〜2004 年　都内の設計事務所に勤務
2005 年〜2013 年　夢・建築工房勤務
2014 年　夢・建築工房　代表取締役に就任　現在に至る
2014 年〜　新住協（新木造住宅技術研究協議会）理事，１級建築士

鈴木　利美（Rimi Suzuki）

1988 年　早稲田大学理工学部建築学科　卒業
1988 年〜1990 年　米国 SCI-ARC 修士課程在学
1995 年〜2020 年　１級建築士事務所ダンス建築研究所主宰
現　在　鎌倉女子大学家政学部　教授，１級建築士

初学者の建築講座
住宅の設計（第二版）

2023年 3 月31日	初 版 発 行
2023年 9 月25日	第二版印刷
2023年10月 2 日	第二版発行

執筆代表　鈴　木　信　弘
発 行 者　澤　崎　明　治

印刷　新日本印刷　　装丁　鈴木信弘　　イラスト　鴨井猛
　　　　　　　　　　図版　丸山図芸社
製本　三省堂印刷　　編修　平田啓子・松村友美

発行所　　　株式会社 市ヶ谷出版社
　　　　　　東京都千代田区五番町5
　　　　　　電話　03-3265-3711（代）
　　　　　　FAX　03-3265-4008
　　　　　　http://www.ichigayashuppan.co.jp

Ⓒ2023　　　　ISBN978-4-87071-620-9

初学者の建築講座　編修委員会

〔**編修委員長**〕　　長澤　　泰（東京大学名誉教授，工学院大学名誉教授）
　　　　　　　　　　大野　隆司（東京工芸大学 名誉教授　故人）

〔**編修副委員長**〕　倉渕　　隆（東京理科大学 教授）

〔**編修・執筆委員**〕(50音順)

安孫子義彦（株式会社ジエス 顧問）　　　　鈴木　信弘（神奈川大学 教授）

五十嵐太郎（東北大学 教授）　　　　　　　鈴木　利美（鎌倉女子大学 教授）

大塚　貴弘（名城大学 准教授）　　　　　　鈴木　洋子（鈴木アトリエ 共同主宰）

大塚　雅之（関東学院大学 教授）　　　　　砂田　武則（鹿島建設）

川北　　英（京都建築大学校 学校長）　　　瀬川　康秀（アーキショップ 代表）

河村　春美（河村建築事務所 代表）　　　　角田　　誠（東京都立大学 教授)

岸野　浩太（夢・建築工房 代表取締役）　　戸高　太郎（京都美術工芸大学 教授）

橘高　義典（東京都立大学 教授）　　　　　中澤　明夫（アルマチュール研究所）

小山　明男（明治大学 教授）　　　　　　　中村　成春（大阪工業大学 准教授）

坂田　弘安（東京工業大学 教授）　　　　　藤田　香織（東京大学 教授）

佐藤　　勉（駒沢女子大学 教授）　　　　　宮下　真一（東急建設）

佐藤　考一（金沢工業大学 教授）　　　　　元結正次郎（東京工業大学 教授）

杉田　宣生（ハル建築研究所 代表）　　　　山田　俊之（日本工学院専門学校）